Zhongguo de Lubinxun

中国的鲁滨逊

——二战英雄、中国轮机长沈祖挺

卓东明　潘健生　著

人民交通出版社股份有限公司
China Communications Press Co.,Ltd.

内容提要

中国轮机长沈祖挺二战期间在英国商船雷贝利轮上担任轮机长，1944年8月为盟军运送战时物资被德军潜艇击沉，船上19名船员包括船长遇难，沈祖挺带领36名船员漂流三天后抵达欧罗巴岛，在无水无粮食的孤岛艰难求生度过了漫长的76天，最终被英军发现救起。在岛上他们的经历堪称传奇。沈祖挺因此获英王颁发的O.B.E.勋章。获救后流落印度加尔各答，抗战胜利后在香港参加进步活动，协助地下党策动海轮起义回国。1951年回到大陆投身新中国海运事业，是中国远洋运输公司筹建参与者之一。

图书在版编目(CIP)数据

中国的鲁滨逊：二战英雄、中国轮机长沈祖挺 / 卓东明，潘健生著．—北京：人民交通出版社股份有限公司，2016.8

ISBN 978-7-114-12699-4

Ⅰ.①中… Ⅱ.①卓… ②潘… Ⅲ.①沈祖挺—生平事迹 Ⅳ.①K828.9

中国版本图书馆CIP数据核字(2016)第025179号

书　　名：中国的鲁滨逊
　　　　　——二战英雄、中国轮机长沈祖挺
著 作 者：卓东明　潘健生
责任编辑：刘永芬
出版发行：人民交通出版社股份有限公司
地　　址：（100011）北京市朝阳区安定门外外馆斜街3号
网　　址：http://www.ccpress.com.cn
销售电话：（010）59757973
总 经 销：人民交通出版社股份有限公司发行部
经　　销：各地新华书店
印　　刷：北京市密东印刷股份有限公司
开　　本：720×960　1/16
印　　张：10.25
字　　数：124千
版　　次：2016年8月　第1版
印　　次：2016年8月　第1次印刷
书　　号：ISBN 978-7-114-12699-4
定　　价：30.00元

序

东明学兄曾几次向我叙述过，被誉为中国鲁滨逊的沈祖挺轮机长的传奇经历，所以当拿到书稿时，我怀着浓厚兴趣，去阅读中国鲁滨逊的故事，不禁被文章的内容、沈轮机长的一生经历和他的为人深深感动。我看到他在“文革”中的悲惨遭遇，并以十分感慨的心情读完全书。

从对传奇的兴趣、到对沈轮机长一生经历和对他为人的敬佩，最后却因其悲惨结局而万分感慨地合卷。

曾经有过 21 年海上工作和生活经历的我，读到这一切，倍感亲切，而又甚为感动和感慨。

沈轮机长的一生，是一段从旧社会贫苦家庭出身，凭个人勤奋拼搏而成才的中国海员的传奇一生，特别是在反法西斯战争中的表现，更博得了海内外人士的敬仰和赞誉，也为我们留下了作为一个海员才具有的充满毅力、智慧、能力的光辉形象。在无淡水、无食物，缺乏基本生活条件的荒岛上，带领 36 名船员艰苦奋斗，终于获得重生。没有坚强的意志，没有海员的特有智慧，没有同舟共济的团结精神，是不可能在荒岛上度过这 76 天的，堪称人类奇迹。英国小说《鲁滨逊漂流记》只是虚拟的故事，而对沈轮机长而言，则是活生生的、实实在在的人生经历。

遭遇如此多的磨难，由于生活所迫及对航海的热爱，沈轮机长又继续投入海上生活。

沈轮机长因经受旧社会的苦难而热爱新社会，他以满腔热情，丰富的经验及知识，积极投入新中国的海运事业及船队的建设中。他平易近人、团结同事、乐于助人的作风，受到了周围共事同志们的尊重和爱戴。他热爱祖国，追求进步。

正当他全身心地致力于新中国海运事业建设之时，终究由于他在旧社会不可避免的经历，在“文革”中，受到了种种磨难，最终不得不怀着屈辱的心情，以死表达自己的清白，捍卫自己的尊严。

荒岛难不倒他，屈辱压倒了他。

我怀着对沈轮机长的崇敬，为他遭受屈辱悲惨的结局而感到惋惜、痛心，久久不能平静。

沈轮机长是一个从旧社会挣扎出来，依靠个人奋斗成长的有功于新社会的优秀海员。从某个角度讲，也是旧社会过来的一代海员的缩影，他应是海员精神的楷模。

在为沈轮机长一生感慨的同时，也对学长东明兄表示衷心的钦佩。我想，他也是怀着和我一样的崇敬心情来完成对沈轮机长一生的叙述，以本书作为对沈轮机长深切的怀念，并激励后人发扬他的精神，做一个有志气的中国海员。

东明兄以85岁的高龄，以惊人的精力和毅力，回忆、采集沈轮机长的生平，旁征博引，使读者对沈轮机长有了全面的了解，在有关单位的支持下，为我们留下了一份宝贵遗产。

向东明兄致敬！

作为新中国培养起来的新一代海员，应从沈轮机长的一生经历之中，感受到今天的幸福，从而不辜负时代为我们提供、创造的良好条件，为实现海运强国而奋斗。

中国交通运输协会前会长 **钱永昌**
原交通部部长
2015年6月5日

体例及署名等说明

A. 本书采取三个不同人称叙述。为真切起见，第一章以沈祖挺口述的形式展开；第二、三章以第三人称书写；第四、五、六章及尾声以作者之一的卓东明口述为第一人称书写。为了使读者更好地了解本书所述故事的时代背景及相关事件，文中增加了相关内容的知识链接。

B. 本书第一章的内容根据卓东明 1981 年 1 月发表在《航海》杂志上的《中国的鲁滨逊》一文进行再采访、查阅历史档案、收集资料扩充而成。全书内容由潘健生根据卓东明口述和书面片段回忆，以及采访有关人士录音后整理执笔创作，经两人修改而成。其中刘逊生参与了部分人员的录音采访。全书结构、构思、统筹为潘健生。

C. 作者介绍：卓东明，原中远总公司总工程师；潘健生，中国作家协会会员，影视艺术一级文学编辑。

D. 本书副标题及内文有“轮机长”这个船舶职务称谓，轮机长是机动船上的领导人之一，负责全船动力和机械设备，类似工厂的总工程师。在国外轮船上，轮机长是仅次于船长的船舶两位领导人之一，制服上都是四条扛。我国船舶因设有政委，故轮船上领导总共有 3 人。

E. 本书插图：徐国华，北京美术家协会会员、中国工艺美术学会会员、英国皇家雕塑学会会员；冯维益，广东美术家协会会员。

潘健生

目录

第一章

孤岛求生

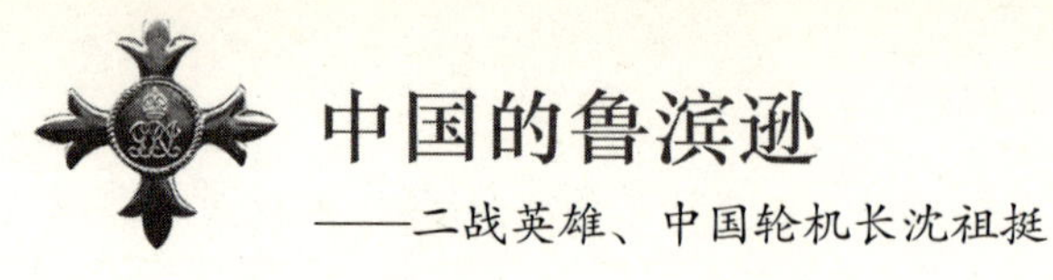

中国的鲁滨逊
——二战英雄、中国轮机长沈祖挺

整理者记：2013年，我们为一位战后收复南海诸岛的前民国海军“永兴”舰副舰长立传。在此期间，发起人卓东明先生多次提起另一位已逝世40多年的老海员，比他年长25岁的航海前辈、曾蜚声中外的中国轮机长沈祖挺。言说间，卓东明对沈祖挺的怀念与敬意溢于言表。

卓东明说，1951年，年仅21岁的他刚刚走出校门的第2年，就有幸在香港起义的“永灏”轮上见到沈祖挺，那时沈祖挺已年届不惑。对沈祖挺的非凡经历，卓东明十分敬仰，想听他的事迹，不过“因为我是一个刚出校门不久的轮机实习员，不敢多问”。

从1958年开始，因为机缘巧合，卓东明与沈祖挺终于同在交通部远洋运输局驻广州办事处一个部门工作。他们朝夕相处，共事长达10年，工作上相互配合，生活上互相关照。

1968年，在那一场疯狂的“文化大革命”中，他们又被送到广东英德所谓的“五七”干校一同接受监护、批判和审查。“没想到，这是沈祖挺生命的最后两年。”卓东明回忆。

这两年时间，在他们的人生低谷，在远离大海的边远山区英德，自由虽受到限制，但他们却有更多无话不谈的机会，从默契的同事变成了患难的朋友，在精神上，则成了忘年之交。

“这10年期间，尤其是在英德的两年，我们交谈很多，除了工作之外，彼此详细地介绍自己的经历。有遭遇的痛苦，有顺利的愉快，有失败的教训，也有成功的经验。在最困难的日子里我们还互相鼓励，要坚持，要有信心，要等待到光明的来临。他的遇难漂流海岛的经历，就是在那段时期讲了几天的故事。现在回想，就差没有谈到如果个人的尊严受到损害，人格受到侮辱怎么办？真可惜！！！”

我知道，卓东明对沈祖挺这位航海前辈的怀念和感情之深，超出了最重要的朋友甚至亲人。他极想为这一位中国航海界的老前辈、骄子、具有世界影响的中国轮机长立传，这是他的一个心头大愿。这个愿望在卓东明心头已经埋藏了40年。

特别是卓东明已年至85岁，且时值中国人民抗日战争暨世界反法西斯战争胜利70周年的2015年，他的这个愿望愈加强烈。

70年，对历史来说是那么短暂；但70年前的那一次世界性的战争灾难给人类带来的痛苦及教训，却应该永远汲取。

沈祖挺作为一名二战亲历者，作为一个二战英雄船员，他为和平而表现出的勇敢，应该永远记录在史册，为了他，也为了我们自己及我们的后一代。

当我们执笔进入本书的写作时，70年前的战争场面宛如就在眼前，炮火声犹在耳边轰鸣，我眼前仿佛看见一架架的战机呼啸而过，看见沈祖挺所驾驶的“雷贝利”轮正在苍茫的大海上前行，而法西斯德国的潜艇已虎视眈眈……

当年在英德与沈祖挺同在“牛棚”，失去人身自由的许多个无所不谈的夜晚，那些一直在他脑海里萦绕的故事，沈祖挺讲述的孤岛求生的传奇经历，如尘封的历史录音，一再难以抑制地要涌出。这是我从卓东明的表情中所强烈地感受到的。

卓东明按下了未敢忘却的播出键。

那是沈祖挺的声音……

“雷贝利”轮

1944年8月中旬，马达加斯加海峡。

我在英国商船“雷贝利”轮（S.S.Radbury）上担任轮机长职务。“雷贝利”轮正向着前方破浪全速前行，毫不迟疑。这艘英国籍商船不久前被英国军方战时运输部征作军事用途，此刻正满载一船煤，从莫桑比克的洛伦索马克斯港（Lourenco Marques）驶往肯尼亚的蒙巴萨港（Mombasa），为正在酣战中的英军运送作战补给。这是1年时间里，我在这条航线上跑的第3个来回了。

知识链接 I

“雷贝利”轮造船公司及该轮的历史

伦敦哈得莱航运有限公司（Hadley Shipping Co Ltd, London）是一家老航运公司，创建于1926年，该公司至今还在，但已是一个空壳公司。

“雷贝利”轮的历史

船名：雷贝利（S.S.Radbury）

类型：蒸汽机商船

吨位：3614 总吨

建于：1910年，英国森德兰

威廉·道斯福特父子有限公司（William Doxford& Sons Ltd, Sunderland）

建造时船名为Izrada，1915年改名Poldennis，1921年改名Izrada，1935年卖给南斯拉夫的航运公司Brodarsko Akcionarsko Drustvo Oceania, Susak改名Bor。1941年6月被英国征用交给战时运输部(MoWT)改名Radbury（雷贝利），英国政府将这批船员舶定名为英国商船海军（British Merchant Navy）。

（资料来源：英联邦国殇纪念坟场管理委员会网站：http://www.cwgc.org）

1942年底，英、美盟军在北非登陆，一举夺回被法西斯德国占领的摩洛哥和阿尔及利亚。为了支援战争需要，英国政府征用了大批商船，成立了战时运输部。“雷贝利”轮正是其中被征用的船舶之一。我当时正在伦敦哈德莱轮船公司供职，于 1943 年 8 月被派往该轮任轮机长。当时英国的正规海军称为“皇家海军”（Royal Navy），我们这批海员被称为“商船海军”（Merchant Navy）。

那时到处都在打仗，想想能在盟军船上做事，参与反法西斯战争，也算光荣。听说我们的格里高利船长很有经验，对中国船员不错，之后我们确实相处得也很好，因此就一直干下来了。现在是 1944 年 8 月 12 日，在安排好船上我负责的所有工作，机舱各个岗位职责就绪，认为可以保证该轮的心脏——主机、锅炉及副机，有强大的动力和充足的电力及供水等供给后，作为船舶核心成员的我，来到了甲板上。事前船长告诉我，为避开德国潜艇的袭击，将船舶尽量远离东非海岸线，并通知所有不值班的船员，都到后甲板集中休息，以防万一。晚饭后，我通知二轨（大管轮），机舱只留 3 人值守，其余人员都到三舱舱口处，随时采取应变措施。

此时的德军仍在做着最后的顽抗。为了切断盟军的供给，德军派遣了大批潜艇到大西洋、东非等海域袭击盟军的军舰和运输船队。这是因为欧战爆发后，希特勒的闪电战收到明显效果，欧洲大陆大部分为德国占领，英国成为欧洲反法西斯的堡垒。大西洋海上交通线是英国赖以输入战略物资、原料和粮食的生命线，每天航行在大西洋的船只有 1500 艘。德国为了迫使英国屈服，投入重兵企图破坏英国的这一海上生命线。英德双方在大西洋展开了历史上最大规模的海战。在 1943 年之前，这一海上的对抗主要是英国同德国战斗，1944 年之后则换成了美国同德国。

我们都知道，这是一条充满危险的航线，事实上，在过去的一年多时间里，这条航线上被德军击沉的往来船舶就有近 300 艘。不过我们驾驶的“雷贝利”轮在东非航线已经跑过几个来回，虽几次遭遇德国潜艇，却都化险为夷，平安地躲了过来。这并不能说明危险不存在，也许只是我们幸运。更重要的是，作为船员，我们的天职就是航行。为了应付随时可能遭遇的不测，晚饭后，船长命令所有不当值的船员都到露天甲板，脱去鞋子，摘去手表、戒指，松开衣服领扣静坐休息，强调一不准抽烟，二不许大声讲话，这样，万一发生什么情况可以随时逃生，尽量减少不必要的牺牲。而两艘救生艇的固定绳索也已经松开，以便随时漂浮。

但是，大家所担心的事情，终于还是发生了！

1944 年 8 月 13 日晚上 9 时，即在航船离开始发港一天以后，在船头瞭望的水手突然发现右舷有一艘潜艇，逐渐露出了船头，我清晰地听到瞭望水手的高声惊呼：

“有潜艇！有潜艇！”

我马上将视线转向前方。喊声刚落，一枚鱼雷就从潜艇上飞快发射过来。

知识链接2

击沉“雷贝利”轮的德国 U-862 潜艇

击沉“雷贝利”轮的德国潜艇为 U-862

艇长：海恩里希·提姆 Heinrich Timm

（资料来源：http://www.cwgc.org）

“雷贝利”轮被德国 U-862 潜艇击沉　　（插图：徐国华　冯维益）

说时迟，那时快。正在驾驶台的船长一声令下：“左大舵角！(Hard Port!)”

于是，“雷贝利”轮一个大舵角，迅速转向的轮船改变航向，躲过了第一轮袭击。

但面对武装到牙齿的德军潜艇，手无寸铁的商船“雷贝利”轮只能被动挨打。德军潜艇随之发射第二枚鱼雷击中了“雷贝利”轮的艏部。

这可是一个最影响航行的船舶位置，船头随即下沉，全速行驶的“雷贝利”轮迅速慢了下来。紧接着，又一枚鱼雷袭来，“雷贝利”轮顿时燃起了大火。

这时，我在甲板大声呼喊：

“快逃生！快逃生！”

“向远处游！向远处游！”

短短的4分钟后，“雷贝利”轮便沉入了大海。

知识链接3

“雷贝利”轮遇难时间和地点

从英国国家档案馆资料和伦敦塔山公墓的墓碑刻字上看，“雷贝利”轮被德国潜艇击沉的时间，肯定为1944年8月13日。该轮在非洲莫桑比克首都马普托的洛伦索马克斯港(Lourenco Marques)装了4000~5000 吨煤，于1944年8月12日驶往肯尼亚蒙巴萨(Mombasa)途中遇德国U-862潜艇袭击，被两枚鱼雷击中，4分钟后在马达加斯加西南海域东经41度45分，南纬24度20分沉没(附图)。

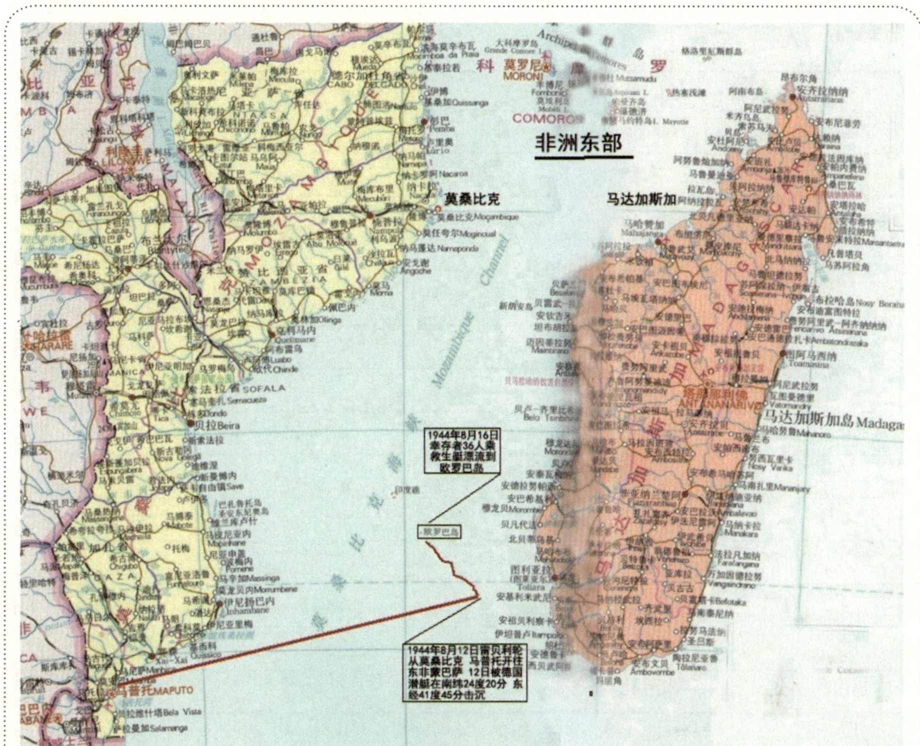

（资料来源：中国地图出版社，世界地图册 / 范毅，周敏主编 2011 年 1 月修订 北京第 9 次印刷 书号 ISBN 978-7-5031-4476-9/K-2723 图中所列欧罗马岛及雷贝利轮航线资料来自英联邦国殇网，网址：WWW.CWGC.ORG）

知识链接4

“雷贝利”轮被击沉时牺牲船员名单及伦敦塔山公墓

“雷贝利”轮被击沉时牺牲船员名单

编 号	姓 名	年 龄	职 务
1	Gregory, John Harry	46	船长
2	Chen.y.	41	大副

续上表

编 号	姓 名	年 龄	职 务
3	Cook, W.L.		二副
4	Mammon, G.		一级报务员
5	Sohal, A.S.		二级报务员
6	Lock Woon Fong	41	管事
7	Ping Tong Wei	66	水手长
8	Kien Chang Sae	33	舵工
9	Tsai Koo Ah	38	舵工
10	Ming Wong Yee	24	一级水手
11	Reis, Antonio De Vargo		三管轮
12	Hsu Chen Chu	36	机匠
13	Cum Fong Ning	25	生火
14	Fock Loi Ho	26	服务员
15	Soon Woon Fong	34	服务员
16	Yao Ting Shao,		服务员
17	Pexton, Harry, RN	33	护航炮手，领队
18	Smith, James Stewart, RN	20	护航炮手
19	Webster, Charles Henry, RN	20	护航炮手

“雷贝利”轮的船长约翰·哈利·格里高利（John Harry Gregory）生于1898年，时年46岁。大副姓陈（Chen.Y.），估计是英籍华人。

伦敦塔山公墓

塔山公墓纪念馆分为两个部分。前部是专门为纪念在一战1914~1918年间的牺牲者。较大的近似于圆弧部分，是为纪念1939~1945年在第二次世界大战期间，海上商船和渔船船队的牺牲者。那里没有坟墓，二战部分有一大幅碑文写着：“24000名商船和渔船的海员，他们的名字光荣地刻在这个花园的墙壁上，为他们的祖国献出生命。坟地不在这里，但在海里。塔山：我们将记住他们”。

THE TWENTYFOUR THOUSAND OF THE MERCHANT NAVY AND FISHING FLEETS
WHOSE NAMES ARE HONOURED ON THE WALLS OF THIS GARDEN
GAVE THEIR LIVES FOR THEIR COUNTRY
AND HAVE NO GRAVE BUT THE SEA

Tower Hill: We Will Remember Them

这里还有两块墓碑，分布在纪念馆一战和二战的各自部分。

两座纪念馆的布局：

1914~1918 年馆

死者的名字可根据他们服务船舶的名称查到，船舶中商船按字母顺序排列，其次捕鱼船队也按类似安排。商船海军（注：英国在战争期间将商船编入战时运输船队，称为商船海军）在表格上由“A”开始，按箭头所示继续下去到“B”，并从“C”至“D”。捕鱼船队的船只，以同样的方式从“E”至“F”。

1939~1945 年馆

死者的名字是根据其服务船舶的名称查找。商船海军的船名都按字母顺序排列在 1~121 面板上和 130~132 面板上，122 面板是负责灯塔和引航服务者的名字。捕捞船队的船只在 123~129 面板上。

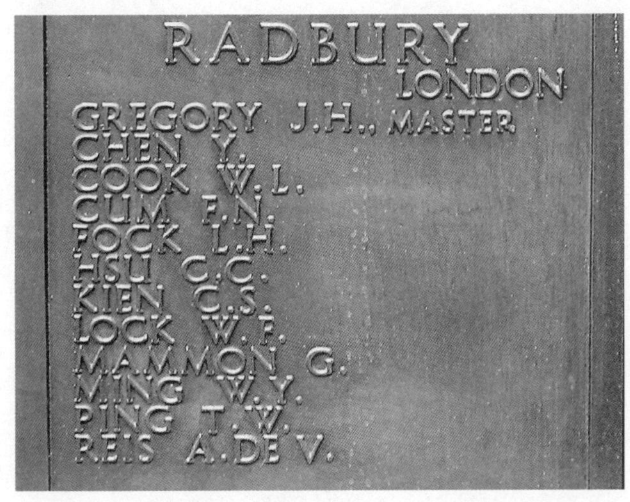

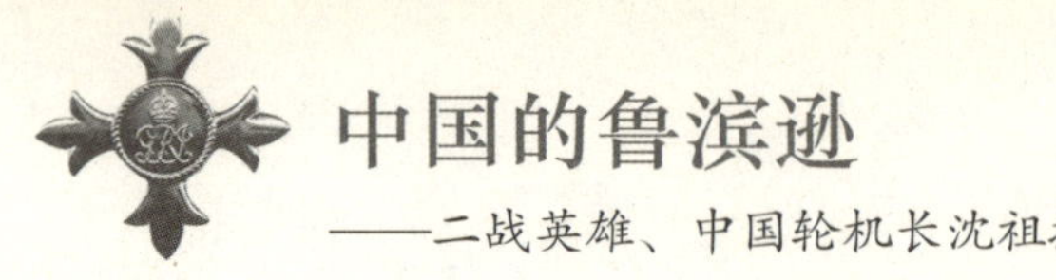

第85号碑上刻有“雷贝利”轮牺牲的12位船员的名字，他们分别为：船长、大副、二副、生火、服务员、机匠、舵工、管事、一级报务员、一级水手、水手长、三管轮。

第86号碑上（没有拍全）刻有在“雷贝利”轮牺牲的4位船员名字，他们是二级报务员、服务员、舵工、服务员，尚有1名服务员和3名护航炮手没有名字。经分析该名单上有服务员和此碑上的第2位同姓、同名、同年龄，可能是重复了。这两块碑都刻着Merchant Navy（商船海军），而护航炮手是Royal Navy，RN（正式海军），故没有放在这里。

（资料来源：http://www.cwge.org）

这艘建造于1910年的老式蒸汽机船，船上共55人，除船长、报务员、3名驾驶员、6名海军护航员是英国人外，其余均为中国海员。击中“雷贝利”轮的是德国U-862号潜艇。“雷贝利”轮船长从承担军运开始，就表态要和船舶共命运，几位在驾驶台、机舱值班的船员和护航员均遇难。

指挥逃生

在遇袭前，“雷贝利”轮其实已经做了比较充分的应变准备。按照约翰·哈利·格里高利（John Harry Gregory）船长事前的布置，万一发生事故，船长必须与轮船共存亡，遇难不能指挥逃生时，由其他高级船员负责指挥。当时我被船长安排在甲板值班，知道船长已遇难，即使没有在第一时间遇难，他也要在船上指挥，不可能顾及下海逃生的船员了。这时，我作为幸存的船舶职务最高者，觉得自己必须承担起指挥大家迅速安全弃船逃生的责任。我不断地向已经做好逃生准备的后甲板上 30 多名船员逐一下令：

“一下水马上往船外方向游去。越快离开轮船越好！因为船下沉时产生的巨大漩涡足以将人吸进去！”

在大家都下水以后，我也跳了下去。

事后得知，遇难的有船长等 16 名船员，3 名海军炮手，其他 36 名船员在短时间内全部跳下大海。一时间，人们分散向船的四周尽快游开，在黑沉沉的大海中漂浮。

5 分钟前还承载着大家的“雷贝利”轮，正在迅速下沉。

黑沉沉的大海上，“雷贝利”轮船艏首先快速下沉，只见船身向前俯冲，船尾翘起，然后整船沉没。

而在轮船完全沉没的那一刻，漂在大海上的我们，在闪着诡异波光的黑暗海面上，不约而同地把目光投向“雷贝利”号轮，投向仍在船上未能逃生的同伴，向他们致最后的注目礼。

“雷贝利”轮沉没了，所有在水上漂浮着的幸存者们，同时向那些随同航船一齐沉入海底的同伴致以最后的默哀——这是航海者最简单也是最庄严的海葬仪式。

船沉下去了，无情的大海却若无其事。

然而在残酷的大海面前，我们以顽强的生命意志，逐渐在海水中尽量游到一起，并互相靠拢，保持着最短的距离。在大海起伏的浪波和声响中，吆喝着彼此，互相鼓舞，缓慢地向着同一个方向移动。

大海茫茫，望不到边，只有浪波互相碰撞时发出永不止息的单调的响声和从沉没的航船上漂出的燃油与杂物。在水中漂浮的船员们无法知道下一刻将会发生什么，只是指望着：天快点亮吧。

这一个夜晚出奇的漫长。每个人都不断地提醒自己，我们还活着，不能睡着了，必须醒着。不知过了多久，才最终迎来了东方的鱼肚白。

白天，一切才有了希望。果然，借着天空的亮色，我们看到，不远处有一艘救生艇也在海水里漂浮着。这应该是“雷贝利”轮沉没后，我们未及时发现的一艘救生艇，与我们一样，黑夜中它就在附近随水漂流，天亮后才出现在我们面前。

救生艇的出现使我们喜出望外，这是上天给我们的希望，更使我们获得巨大的安慰。再不需要在水中泡着了，冰冷的海水，每分钟都在消耗着我们的能量。我知道，不少的落水者，往往不是被淹死，而是被冻死的。

我招呼着大家爬上救生艇。经过这一夜，大家都被泡得筋疲力尽。当时的 8 月是南半球的冬天，夜晚的海水仍然冰冷，人们的皮肤都泡皱了，面色苍白。

我清点了救生艇里的人数，其中甲板部有三副、副水手长、木匠、4 名舵工、5 名水手；轮机部有我、大管轮、二管轮、机匠、生火长、副生火长、3 名加油、9 名生火；业务部有 3 名厨工，还有 3 名海军护航员英国人。

总计英国人 3 名，中国人 33 人，共 36 人。

这样一算，船长、大副、二副、2 名报务员，3 名英国海军护航队

漂流的幸存者终于发现孤岛　　（插图：徐国华　冯维益）

员共8名英国人及11名中国船员，包括三管轮、水手长、2名舵工、水手、机匠、生火、管事、3名服务员，共19人在德国潜艇袭击时牺牲。他们大多数是航行中值班的船员。

面对36名幸存者，看到大家茫然的眼神，我已顾不上失去同伴的悲痛。死者不能复生，如何带领大家继续活下去，才是自己要思考和面对的。我觉得身上的责任重大，开始考虑如何带领这支人数不少的队伍，有效自救，最终走出海难，如何面对这次不知何时才是尽头的救生艇航行。

我知道大家的想法。黑沉沉的大海，没有了依靠的航船，每个人都会有失去双腿的感觉。我于是自告奋勇地向大家说，经过这场大难，我们都是幸存者，但是，要想生存下去，困难还很多。在这个救生艇内，我是职务最高的，按照国际航海的规定，从现在起，我要负责带领大家逃出困境，我们只有同舟共济，才能安全回到非洲大陆。“大家愿意接受我的领导和指挥吗？”我问大家。

艇上的船员都一致表示愿意。听到大家异口同声地回答，我既感到被信任，又感到责任重大。

回想从1924年因生活所迫成为海员至今，我与大海已打了近20个年头的交道。虽然现在第一次感到了大海无情的一面，但我仍然相信“海无绝人之路”。而此时，我也只能相信这一点，有信心找到这条路。

自从投身大海，除了埋头于轮机技术，安排好机舱工作之余，我都会跑到甲板和驾驶台，学看海图、航行时的船舶定位和罗经航海知识。因为原来在陆地上的工作也与机器有关，对船舶轮机的掌握操控，就像对自己最熟悉不过的四肢一样。于是，在登上救生艇后，我凭着对遇袭前在船上海图室看过的船所在方位的记忆，并借助救生艇上的罗经确定航向，初步推测出“雷贝利”轮遇难的位置，大概在东非莫桑比克海峡南端。

我记得船开出莫桑比克后，船长告诉我为安全起见，要离开东非海岸远些，所以一直向东走，跑了一天多，大约已有300海里。再目测了一下风向和风力，我估计，在强劲的东南风吹逐下，将救生艇驶回非洲大陆是不可能了。如果保持往北的方向前进，救生艇航速以每小时3海里推算，预计5天左右，就有可能到达马达加斯加西南部的某一属地或岛屿。于是，我与副水手长共同确定，扬帆起航，向北行驶。

做出了这个决定以后，我开始深入思考我所带领的这支队伍，如何面对未知的未来。未来有多长？能找到一个可以落脚的岛屿吗？如果找到，那一个未知的岛屿是什么情况？何时才能逃出这个没有了航船的茫茫大海？想到这些未知之数，我在内心盘算着，要以最坏的估计和最积极的心态面对将要到来的一切，绝不能有任何气馁与动摇。

为了求生，我做的第一件事就是将艇上的全部食品、淡水、救生信号、药品及火柴集中起来，实行统一管理和配给。因为我知道救生艇内只有三天的口粮和淡水，所拥有的食物没有预留给我们更多的时间。万一稍有偏离，粮食耗尽，我们照样会死于饥饿。不过，我认为眼前还需解决遇险者的情绪问题，要采取正确的行动。我对大家说：

“首先我们不要恐慌，不要做多余的动作，尽可能保存我们身上的每一分热量。除了驶帆、掌舵和瞭望的人外，其他人尽量少讲话，不活动，保持体力，减少消耗，我们身上的每一大卡热量都是生命的资源。要保持最积极的态度，同时做最坏的打算，争取有更长的时间等待救援。”

大家看到我如此淡定，并做出有经验、有计划的安排，虽然面对着许多未知的可能，但心里都踏实多了。

登陆孤岛

果然，在海上航行的第3天，瞭望水手发现左前方有物标。这使

登陆孤岛　　（插图：徐国华）

在救生艇上过了漫长时间人们一阵兴奋，有人欢呼起来。

我当然非常高兴，也非常理解救生艇上所有人的心态。我安排大家一边做好准备，一边注视着前方，谨慎地指挥小艇放慢速度迂回前进……

当小船慢慢驶近，大家能目测到物标时，才发现原来是汪洋大海中的一个孤岛。

终于有了一个可以安身歇脚的地方。

几天来挤在救生艇，空间毕竟太小了，脚也伸不直，腰也不能躺。一叶孤舟漂流在茫茫大海，不仅身体疲劳，时间长了精神也会崩溃。假如救生艇的粮水用光了，生存的机会就更渺茫。

不过我也为自己对方位及岛屿的正确判断而感到高兴。自己凭借海图记忆，判定船下沉的位置及决定的航行方向基本没有错。但是我不敢表现出兴奋来，我知道，这只是一个比起在大海中漂浮好一点的处境。我在内心不断告诫自己：不可大意。因为前面有什么情况还不清楚。有没有德军，或者有没有海盗，又或者有没有另外一批饥饿的岛上人？

为防不测，我要求小艇绕岛一周，尽量近距离观察这个小岛。从外部望去，小岛大约有几平方公里。我希望先对该岛进行一番实地侦察，摸清岛上的一切情况，从地形到地理，以及动植物环境，然后再确定下一步的行动计划。

从不远处看，岛上除了临海有一排高大的树木外，到处都是一片片矮小的灌木，没有任何建筑物。我和副水手长老张商量后，决定率队登陆小岛，作暂时的休整后，再做计议。副水手长是宁波人，渔民出身，有丰富的海上作业经验，人很能干，有胆识，也很有办法，而且热心为集体做事，是一个很好的帮手。

我发现面前的这个小岛三面峭壁，乱石丛生。北边虽有一处浅沙滩，但外面生长着密密麻麻的珊瑚。我们要想登陆，必须通过这片珊瑚礁。救生艇虽然吃水不深，但那些珊瑚礁也足以阻挡木质救生艇的靠近，怎么办?

正发愁间，卡萨（英国船员对副水手长的称呼）提出了建议：可采用宁波渔民过浅滩时“捉船头”的方法登岛。所谓“捉船头”，就是安排几名身强力壮的船员下海紧握救生艇艏部的左右舷边，双脚浸在水里，一来减轻救生艇的负荷，二来利用海浪的起伏规律，当浪高时，攀着救生艇将双脚吊在水里；浪低时，则双脚蹬在海里的礁石上，用人力将船头扛起并推向前方，逐渐向目标移动，使救生艇向前推进，同时防止救生艇底部被尖锐坚硬的礁石撞击划破。

根据副水手长的提议，立即安排了 8 名身强力壮的海员下水，一边 4 人，手扶艇舷，身子悬浮于水中。艇上的海员趁小艇浮在浪峰时，就猛力划桨；艇在低谷时，水下的海员就脚蹬礁石，用力托住小艇，一步一步向浅滩冲去。

这个办法果然有效，救生艇顺利地向小岛靠近。感谢卡萨老张的勇气和智慧，他确实是一个好帮手。这件事更使我感到集体的力量，并感到在困难中有了陪伴，有人与我共同承担，增强了解决困难的希望。

历经千辛万苦，我们终于登上了小岛。但不幸的是，救生艇底还是被尖利的礁石划破了一个大口子。

求生之路

在窄小的救生艇上，近 40 人挤在一起，在海上漂流了 3 天，经历了人生中最焦虑最漫长的 70 多个小时，精神与体力的消耗不言而喻。上岛后，大家如同散了架子，七零八落地躺在沙滩上静静地休息。虽然不知未来会发生什么，但大家还是庆幸，有了一次喘息之机。

上岸后，我没有功夫去休息，因为马上要处理几十人上岛后的安排。我首先要求大家从艇上搬下所剩不多的淡水、食品、药品和船具，然后

登岛 （插图：徐国华）

把空气箱、小管子和铁钩等一切可以搬动的东西，都搬到了小岛的隐蔽处。因为我觉得，这些东西以后可能用得上。在检查救生艇上所余物品时，我看到了在救生艇的一侧有个不起眼的东西，原来是两盒防风火柴，就亲自将它保管了起来。东西搬完之后，在心里做着下一步的计划。

时值8月，正是中国的夏季，而南半球的气候则与北半球相反，正是冬天。虽然白天还比较热，但太阳逐渐落入水平线后，人们立即就会感到寒冷。我建议副水手长带几个人，选一个较为平坦的海滩，堆起树枝，燃起篝火，因为这几天的漂泊，大家太累了，希望借篝火的温暖和安宁，让大家睡上一个安稳觉。篝火烧起来，又分配给大家口粮和淡水，让大家吃饱了休息，并像在船上一样，安排好值夜班的海员，以便随时发现与外界联络的机会，因为这种机会稍纵即逝。

也许是太累了，也许是精力和体力消耗的太多，这个晚上，虽然处在一个大家完全陌生的孤岛，海风凉飕飕地吹着，海浪一个接一个不停地拍打着，发出声响，大家都睡得很沉。

人们都安顿下来后，我也睡了一觉。醒来后睁开双眼，突然意识到自己身处的，是一个可能从没有人来过的孤岛，一个与世隔绝的地方，不知怎的就想起了不久前阅读过的，一本海员们都很感兴趣的书——《鲁滨逊漂流记》，难道这是一种预兆？突然冒出了这样的想法：难道凡是执着的航海者，都要经受磨难？同时我想起了鲁滨逊在荒岛上求生的办法与智慧。鲁滨逊在不幸中求生，在求生中找寻乐趣，我唯一希望的是，不能像鲁滨逊一样熬上28年。

我开始盘算：维持几十人在岛上的生存，哪怕是一周，也必须有足够的淡水和食物。如果没有这两样，仅靠我们从船上带下来的一点点食物，几十号人根本就不能维持多久。必须就地取材，找到淡水和食物才能在岛上待下去。当然还有其他生存的必需品，这些都是要解决的问题，一定要想办法把大家组织起来，自给自足，不能坐在那里等候。

登上孤岛的第一天　　（插图：徐国华　冯维益）

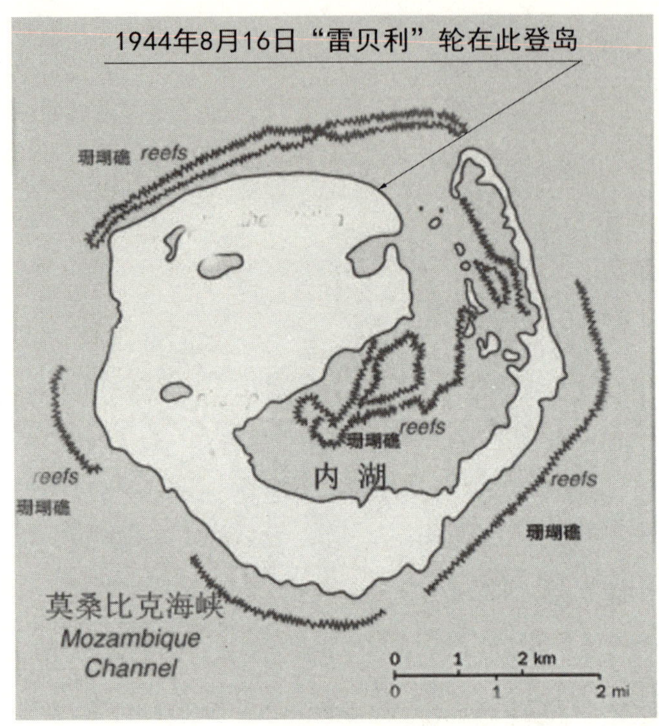

位于莫桑比克海峡的欧罗巴岛，“雷贝利”轮救生艇在上斜线所示处登陆

我认真考虑过，我们这队人当中，出身不同，都有各自的经历，同时也各有不同的本领。有的懂得机械，有的懂得生火煮饭，有的懂得抓鱼抓虾，有的懂得航海，等等。虽然大家都是消费者，但组织得好也是生产者，是宝贵的资源。

经过思考，在上岛后的第 2 天，我同老张及大家讲了一下，拟安排 3 个探险队，每队 4 人外出探险，基本目的是寻找淡水、食物等生存基本所需品，同时了解岛上有没有居民和船只，察看有无威胁生命安全的野兽等。一队沿西岸探进，一队到东岸摸索，两队形成一个包围圈。第三队则从岛中间穿越，以求掌握整个岛屿的全面情况。

探险队出发后，我带领其余的人找到一块大岩石下的洞穴，用带来的帆布在洞口架起了一个小帐篷，以此作为大本营或者说是指挥部，研究及部署就在这里进行。

扎好帐篷坐下来，我开始动手将救生艇里的铜空气箱拆下，并安排二轨、机匠敲打成锅，然后架起了炉灶。为什么？因为大家要吃饭，必须有可以煮饭的炉灶及锅盆，解决一日三餐的问题。

下午，探险队陆续回到大本营。他们走遍全岛，除发现北面的礁石旁有一艘沉船残骸和一个法国人的坟墓，从碑上的法文知道这个岛叫“欧罗巴”（Europa Is.）岛外，没有什么其他发现，沙丘、灌木还有鸟粪是这个岛的基本构成。唯一的收获就是捡到一捆生橡胶，可能是某年一艘装载生橡胶的船在附近什么地方沉没，橡胶漂于海上，最后被海浪冲来的。他们还带回了几只小海鸟、海龟蛋。

欧罗巴岛

座右铭：“自由，平等，博爱”

国歌：马赛曲

欧罗巴岛，一个 28 平方公里的低地热带环礁，是法国所属的 5 个分散岛屿中的一个，在莫桑比克海峡，位于马达加斯加南部到莫桑比克南部距离大约三分之一处。自 1897 年法国已经拥有该岛，但马达加斯加也声称拥有。在岛上，从留尼汪岛派有驻防支队，有气象站，并有科学家来参观。虽然无人居住（1944 年沈祖挺等 36 人漂流到该岛时，正是人烟荒芜，但发现曾有法国人在那里寻取玳瑁。有墓碑，情况与此相符）。这是法国“分散的岛屿”的一部分，属南极领地的行政区域管辖。欧罗巴岛是1968年“海底世界雅克·库斯托”的开发项目的部分，专注于绿色海龟的繁殖习性的研究

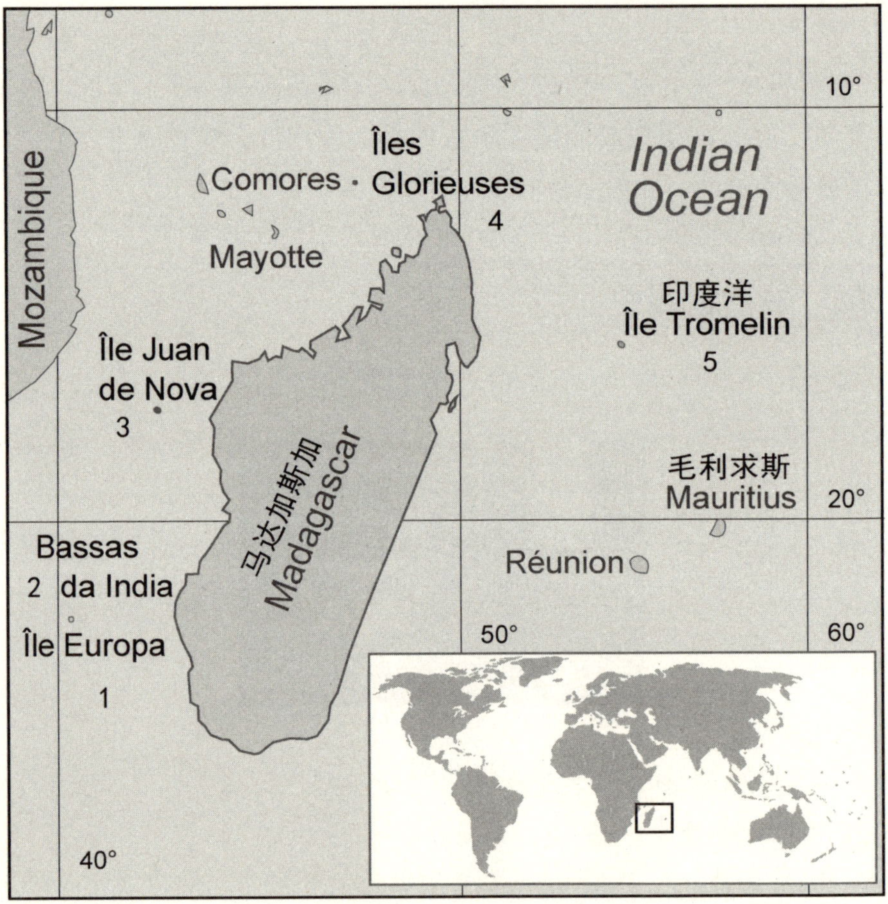

在印度洋上的零星岛屿的位置

1. 欧罗巴岛；2. 印度礁；3. 新胡安岛；4. 格洛里厄斯群岛；5. 特罗姆林岛

自然环境

欧罗巴岛直径为 6 公里，最高海拔 6 米，并具有 22.2 公里海岸

线。它是由珊瑚海滩和岸礁环绕，包围了约9平方公里的红树林潟湖和开放向海一侧，没有港口或港口锚地。但在“分散的岛屿”中的印度礁经济海域（EEZ）有12.73万平方米，并有一简易机场跑道1500米。气候与水温通常高于30℃，冬季受东南信风（南半球）影响，偶尔有旋风。

生态

该岛是一个自然保护区。其植物包括干燥的森林、灌丛、甘遂、红树林沼泽和剑麻种植园的遗迹。它是世界上最大的绿海龟筑巢地之一。18世纪后期由移民在那里安置放野的山羊。

该岛由国际鸟盟确定为重要鸟区（IBA），因为它支持一个庞大而多样化的人工繁殖海鸟和其他水鸟栖息系统。它是唯一已知的阿尔达布拉和马达加斯加以外马达加斯加池鹭的栖息地。海鸟包括大军舰鸟多达1100对，是西印度洋的第二大群体，奥杜邦的海鸥（Puffinus lherminieri bailloni）多达100对，还有二形白鹭和里海燕鸥。岛上住着白尾热带鸟（法厄同细穗草属Europae）的特有亚种。有3种陆地鸟（Landbirds）存在，其中之一是在马达加斯加的白眼球特有亚种（Zosterops maderaspatanus voeltzkowi）。

历史

这个岛可能至少自16世纪以来就有航海者窥视过，它的名字来自英国船“欧罗巴”号，这艘船1774年12月访问过这里。欧罗巴岛的遗址和墓地证明从19世纪60年代到20世纪20年代，曾有人多次尝试在这里定居。例如，法国人ROSIERS全家在1860年搬到岛上，但后来又放弃了欧罗巴。

（资料来源：百度）

严重的问题出现了，三个外出探岛的小组都报告说，岛上既没有井也没有湖泊，更没有淡水洼地、溪流，派人挖掘出来的水都是咸水。结论是：这个荒岛上根本没有淡水！

问题非常严峻。离开这里已无可能，根据回忆看过的海图，这里离大陆或其他大岛屿至少几百海里。如果我们驾救生艇继续走，估计未到目的地就弹尽粮绝了。况且，唯一的救生艇也穿孔不能航行了，这里将是我们栖身的地方。没有食物，可以狩猎、挖野菜；没有房屋，可以住帐篷、洞穴，甚至露宿也无关紧要；但没有淡水，那是一天也呆不下去的。我计算过，此时，带上岛的淡水勉强只能维持两天 。

怎么办？一时间大家一筹莫展。

土制海水淡化器

昨晚考虑怎样组织大家在这里生存下去的时候，我就想过这个问题。安排 3 支队伍进行环岛探索时，特别要求各队一定要看看能否找到淡水，但并没有完全指望岛上能够发掘出淡水。因为凭我的经验，在这个远离大陆的并不算大的孤岛，发掘出淡水的机会微乎其微，也不大会有积累及存储雨水形成地上淡水资源的可能。据此分析，我已想到第二个解决淡水的办法，就是利用这支船员队伍特有的技能及现有的材料，自己制作淡水。在船上，有专门制作淡水的造水机，大家可以用这一原理在岛上制作，用轮机的专业技术解决淡水供应问题。

但是要把设想变成现实不是那么容易。

我和二轨（大管轮）老俞商量这个问题。老俞是位有经验的轮机员，本来已经可以当轮机长，只因为英文不行，考不到证书，只好当大管轮。我们相处得很好，他平日工作也很卖力。当我向他谈到这个问题时，提出利用救生艇空气箱做个烧海水的锅，他说这个好办，只是要设计一个锅盖，能将蒸汽的凝结水积累起来并能流出来就行了。老俞拿根小树枝在沙地上画来画去，琢磨了一上午。下午他跑来告诉我说：“我想出办法了，这艘已穿底的木壳救生艇内有10个长方形紫铜空气箱，用它作材料，从中间劈开做个锅子。将锅盖架在锅上，边缘向里弯个稍稍倾斜的槽，让蒸馏水自动流出来就行了。”我说这个主意很好，又说：“如果要出水快，可在锅盖上浇冷水。就像我们船上的‘康汀生’（冷凝器）。”

“让三轨（二管轮）和机匠帮你忙，明天做出一台，试试水量够不够，不够就做两台。”

二轨听了挺高兴，连说：“行行，有活做了。”

第2天下午，第1台蒸发器完工，我叫副水手长安排几名水手将这台“机器”搬到近海边的石块上，然后开始挑水、点火及试车。生火长安排生火，用树木点火生炉子。我趁这机会说了几句话：“烧这个炉子要像烧船上的锅炉一样当心，那个炉子是船舶的心脏，而这个炉子烧的生命之水，一定要小心维护保养。”生火们叫着说；“老轨师傅（对轮机长的尊称）你就放心吧！”

看到水烧开后，从水槽口流出的淡水，大家高兴得眼泪都流出来了，高呼：“这下有救了！”

事实证明这个蒸馏器还是很管用的。只见海水烧开后变成蒸气，经过铜盖凝结成小水珠，经蒸馏的水就沿着下缘倾斜的水槽流出来了。迫不及待的二轨用手指伸进还滚烫的水中，放进嘴里舔了一下，面露喜色地说：“是淡水，还很甜呢！”脸上充满了自豪。

在不远处干其他活计的人们也纷纷跑过来试饮，兴奋异常得连连叫道：

“淡水造出来啦！”“淡水造出来啦！”

高兴之余，二轨已深想了一层。他告诉我，1个炉子烧8小时能出十来公斤淡水，但也产生一公斤多的海盐，如果不及时清理就会减少出水量，而且炉子也要清洁保养，否则影响寿命。所以他建议要再造

1只炉才能满足需要并用于食用水存储。我非常同意二轨的意见，就请他再做1只，并明确造水的事就由生火长和3名生火负责，挑水由4名水手负责。大家都没有意见，生活中一件大事总算解决了。经过计算流量，如适当控制，每天造水量扣除食用和消耗，还有点节余。

有了淡水，就有生存、得救的可能。但是还必须有食物，才能为人体提供热量，维持生命。我们继而开始考虑食物、御寒、防卫和设法与外部联系等问题。

怎么领导这一帮人

36个人在海岛上，要做的事很多，每天吃什么，做什么，都要问我，怎么领导这一帮人？我在想这些人在船上做惯了，都很听头头的话，就把卡萨、二轨、大厨、生火长几个小头头叫来商量，因为他们都有几个手下。我觉得我们在一起商量好的事，其他人就很少不同意。这一办法很有效，所以一有事我就请这几位来商量。有人开玩笑说这个岛上没有人，你就是皇帝，你说了就算数，我们都服从你。我连忙说：弗来事（宁波话，意思为：使不得），有事还是要大家商量，就是开个会吧！以后就形成了习惯，有事就叫三副通知开会。

三副小李刚从学校毕业，在船上做了一年多，21岁，有文化，脑子机灵。我就让他当我的秘书。他也答应，只说没有干过。我对他说，你在船上当班不是跟船长吗？船长叫你干什么你就干什么，现在你就听我的，我叫你做什么，你就做什么。他来个立正说："是！"我说："以后开会你去通知，讨论了什么事要记下来，安全也由你管，还要想办法搞个烟火信号台。"他吃惊地问："这里没有纸没有笔，我拿什么记？"我问他："你看过《鲁滨逊漂流记》吗？他是怎么解决这些问题的。"他说："明白了！"后来他请木匠替他从大树干上取了几块树皮拿来写

造淡水　　　　（插图：徐国华　冯维益）

字，帮我办了很多事。我们还像鲁滨逊那样，在树上刻上日历。

有人问我："你们当时生病怎么办？没有医生，又没有药品，这么多人是个很大的问题，怎么解决的？"我告诉他们："我们确实很幸运，最后除出海探险的4人外，其余32人全部安全回到非洲大陆，并转到印度，没有人生过大病。"实际上，不仅是幸运，也跟我们的自救能力也有关系。

在船上待过的人都知道，按照规定，船上驾驶员都要学点医学和急救知识。驾驶员考证书，也要考这门课。船员职务里规定大副要负责医药工作，因此当驾驶员后就要关心医药。我问过三副小李："你学过医学吗？"他说："学过一点。"我说："那好，你就是这里的医生。"他说："不行，我学的是急救。"我说："那就更好了，这里需要的都是急救，伤风、感冒、肚子疼、受伤不都是急救吗？"他苦着脸说："我没有药品，没有助手怎么办？"我说："好办，从救生艇里不是拿下来一个急救箱吗？让那3个当兵的当助手，他们不是一般的兵，是皇家海军，受过专门的训练。我找他们谈谈，做个义务卫生员。"

我向那3个20岁左右的英国年轻人，说明了我们现在的处境以及我的意见，他们也明事理，只是觉得责任太大。我是连哄带捧地说服他们的，最后他们还是接受了。这样事情就解决了，大家也都很满意放心。小李也很逗，常说："我是个'光屁股'、'光棍'医生，你们有病可以来找我。" 我跟大家说："你们看！我们不是比鲁滨逊还强得多吗？又有医生，又有护士。"引得大家都笑了起来。

对于那3个英国护航员，我想说几句：他们是同一期由军部征调的士兵，在英国皇家海军学校训练1年多，刚编入正规海军不久。因此他们的名字后都有个正式RN称号，即皇家海军（Royal Navy）。由于战时运输部船舶运送军事物资的需要，每艘都派6名护航队，又称炮手（Gunner），其中1名是军官。派到"雷贝利"轮的军官近30岁，其他的都20岁左右，配有些轻武器。护航队由船长领导，平时航行2人一班，在驾驶台附近瞭望、巡逻。8月13日我们的船受到袭击时，队长及2名队员殉职，3名队员随我们漂流到欧罗巴岛。

他们是这批幸存者中最年轻的，还缺少航海的锻炼，刚刚上船就遇险，又经过三天三夜在海上拼斗，体力和意志都经受了高强度的消耗，登岛后不但体力受损，精神更将近崩溃，所以感到极度孤独伤感，极其想家，想妈妈，有时还忍不住掉下眼泪。当他们想到身处茫茫大海中的一个孤岛，不知道要熬多久，也不知有没有可能被救时，甚至还想过自杀。知道他们抱有这样的心态，我觉得不能掉以轻心，好不容易才死里逃生，却因精神苦闷出事，太不值得。沉船已使我们损失了一大批船员，不能再失去一个同伴了！况且，看着这些还很稚嫩的孩子，刚走向生活就遇到了如此重大的事故，他们的父母是怎样地惦念着他们啊。这么一想，我更是百感交集，更感到责任重大。

当天晚上，我找到这几个英国青年，耐心和他们聊天。这件工作只能我去做，因为其他中国船员的英语水平，都还不能流畅地交流。我与他们聊家常，问他们家里的情况，特别是选些愉快与励志的话题，明里暗里鼓励他们。最后我说，有那么多的同伴在一起，大家又都团结，每个人都有自己的经验与特长，我们一定不会被饿死。我还仔细向他们做分析，相信英国军方一定会努力寻找我们的，因为船在被击沉的前一刻，还保持着与军方的联系，他们一定知道我们的出事地点，只要我们坚持住，就一定可以活着走出这座孤岛。我还说，英国是有悠久航海历史的大国，作为海员和军人就应无愧于我们的传统，应该有一种不畏艰难不怕死的精神，乐观面对一切，像英国小说《鲁滨逊漂流记》里的鲁滨逊勇敢地和大自然斗争一样，勇敢地和法西斯敌人斗争，最终一定会胜利的。

第二天，因为他们身体都比较好，特意安排他们做一些较重的体力活，由英语较好的三副多与他们交流，并邀请他们参加中国海员的活动。为避免孤单，还让他们参加每天晚上的故事会，有时还要他们也上台表演英国的舞蹈。我还想办法让他们增强自信，具体做法是要他们教年轻的中国海员学英文，当老师。在集体生活中，他们逐渐不再感到孤独，精神也振作起来，与大家关系也融洽了，开始有说有笑了。9月底，考虑木排出海探险人员组成时，“卡萨”老张特别建议在这三人中挑选一人参加探险队，因为考虑到一旦与外界联系上了，必须要有懂语言的人，便于与外界沟通。而三人都愿意参加，最后挑选条件最好的20岁的亨利（Henry）去。

人的体力决定着荒岛生存时间的长短，如何避免不必要的重复劳动，既保持正常的体力，又能长期生存下去？以此为目标，我心中盘算如何做到合理的劳动分工，开了个头头会认真研究后，做出如下安排：

8人负责造水，8人负责炊事。这是解决眼前一日三餐的必须。除此以外，出于较长远的考虑，用海水晒出来的盐腌鸟蛋、肉类作为贮备。负责炊事的8人，还要外出狩猎，捕鸟、抓龟、掏鸟蛋，采集一些可吃的树叶。安排8人专职防卫和瞭望，将捡来的橡胶架放在干柴堆上，随时作为烽火信号，还要求他们在岛屿最高的小丘上建一座信号台，作为瞭望、警戒所用。其余8人机动。

这个体现合理分工的“四八”制，使一时未定下神来的几十个船员，一下子进入了另一个为生存而有组织的生产流程中，生活变得充实而有规律。因为分工具体，每个人的工作责任明确，消极颓丧的情绪得到了缓解。

由于分工合理，在以后相当一段时间里，岛上生活有条不紊地开展。在大家的努力下，一天三餐有了保证，荤食有鸟肉、龟肉和鱼肉，素食有煮蛋、煎蛋、炒蛋(用海龟油)和野菜，生活逐渐正规起来。

值得一提的是，船上的3名厨工也自告奋勇，根据食材烹制各种口味。

外出找食物的一组抓回来鱼、海龟、鸟蛋，解决了孤岛上的肉食来源。但怎样烹制？原来手艺一流的3名厨工，这时也大显身手，不但为中国船员，也为3名外国船员制作出各自喜欢的菜肴。他们在船上就是既能做中餐也能做西餐的好手。不过现在除了鱼之外，他们要做菜的材料不是猪牛肉而是海龟肉，这就有点难办了。好在船员们大多来自江浙沪一带，对甲鱼的做法有足够的经验，虽然上船以后做得很少，甚至就没有做过，家乡的记忆却不会忘记。他们参照甲鱼的做法来烹制海龟，先切下海龟身上的油，单独熬成做菜的油备用，解决了食用油的问题。然后将海龟或红烧或做汤，又用海龟油来煎海龟蛋、鸟蛋。盐也是自制的，有专门的人负责用海水生晒提取食盐。宁波人和广东人对海龟特别感兴趣，都说“大补”。海龟也确实滋补，吃了几天就觉得浑身有劲。

令大家意想不到的是，在岛上居然发现有山羊！根据派出去探险的队员回来报告，岛上发现了以前曾经有人到过的痕迹。我分析，山羊很可能是当时带来的，走的时候留下了若干活羊在岛上，它们就自然繁殖起来了。有时候我们也会抓一两只羊来改善伙食，特别是为了满足三个外籍船员的口味，将羊肉做成他们喜欢吃的烤羊排等，同时也为中国海员熬羊肉汤。

这段时间，大家吃得还不错，有鱼有肉，顿顿不断。但一段时间以后，大家有点吃腻了。这还不算，更严重的是，许多人出现了便秘的症状，往往几天没有一次，大家心里清楚，这是缺乏蔬菜纤维造成的。

我觉得必须找到含膳食纤维和维生素的食品，比如蔬菜或类蔬菜。我提出要寻找野菜或树叶代替蔬菜，但是谁能知道哪些是安全的呢？

“没有吃过的东西谁敢吃啊，万一有毒怎么办？”马上有几个同事不约而同地提出。

一个大厨说：“这好办，我们不是还绑着一只山羊吗，把估计可以吃的树叶摘下来，先让山羊吃下去，看它的反应，假如没事就证明可以吃了。”

“好办法！”大家都说。

于是有人找来了估计没毒、叶子比较嫩、纤维也比较丰富的树叶子，让山羊先吃，观察山羊的反应。一段时间以后，山羊没事，大厨就开始烹饪这些从未吃过的树叶子。

“好了，菜来了！”大厨把用乌龟油、自晒盐清炒的树叶端到大家面前。放下盘子，他自告奋勇尝上一口。

只见大厨嚼了几下，转了一下眼珠，接着皱了一下眉头，脸有苦色。

“味道怎么样？”旁人耐不住等大厨说话，就迫不及待地问。

“苦！”大厨终于说。

我见此情况，也为了鼓励大家，就说：“苦，不是坏事，按中医的理论，苦还有利于排便排毒呢。”

大家还是硬着头皮，吃下了极难吃极不习惯的苦味树叶。不过还好，第二天，许多人堵了好几天的大便终于可以排出来了。

这还不算，有些抽烟的人，这么久没烟抽，烟瘾一起就很难受，工作也没劲。他们想，既然树叶可以解决便秘的问题，何不把树叶晒干作为烤烟抽，也解决一下烟瘾的问题呢？于是他们找来一种有浓浓香味的大叶树的叶子，摘下一些晒干，做成烤烟抽起来，味道还行。“烟鬼”们的烟瘾竟也在这种艰辛的条件下得到满足。

夜间，岛上蚊子多，让人不能安睡。有人发现靠近篝火旁睡觉较好，既能保暖，又防蚊咬，一举两得。后来，大家晚上干脆搬到一起睡，将柴火围成一个大圆圈，安排值班人员看火巡逻。年龄较大的副生火不像年轻人能睡，干脆就自告奋勇说：“下半夜管火的事就由我去负责。至于上半夜，年轻的人轮一下。”他因此被人们称为岛上“生火长”，专职负责组织这件事。

编草鞋 （插图：徐国华 冯维益）

其实，由于船被击中时大家在危急中逃生，谁都顾不上穿鞋，都是赤着脚。在登岛时，各种形态的礁石或露出水面，或藏在水下，已有不少人的脚被划破。现在登上荒岛，到处是荆棘及尖锐的石头，劳作了几天后发现，赤脚是一个不小的问题。而且因为船员不是农民，长期生活在船上。水手们在甲板上劳作，每到夏天或经过非洲炎热地区，金属的甲板在太阳的暴晒之下，滚烫滚烫的，温度常常超过60℃。而在机舱工作的轮机员，则每天要与机油打交道，机舱里滑溜滑溜的，不穿鞋简直就寸步难行，且违反安全操作规程。职业的需要使他们每个人都养成了穿鞋的习惯。现在要他们光脚在岛上活动，还要在野外到处寻找食物，或每天来往于海边和蒸馏作业地，又或者要登上岛的高处瞭望观察。嶙峋的石头、滚烫的海沙、丛生的荆棘，没有鞋成为一个不算小的问题。开始，有的船员找块大树叶裹住双脚，用坚固的草绑扎代替鞋子，但这种鞋子很不结实，走不了几步就破了。这个不算大的问题，却成了大家的困扰。

看到大家用简单的树叶裹脚的办法不行，一位农民出身的水手突然想起，他当海员之前在农村曾经打过草鞋。

“是吗？”我很敏感地把头转向该水手，“那你想法子为大家打几双。”

“要有稻草才行啊。”水手说，“我们都是用水稻晒干后的稻草来编织的。”

“没有就用其他草来代替，看行不行？”

“那我们就地取材试试，只有这个办法了。”

于是我安排几个人去寻找合适的草：“要找那些既软又比较坚韧的草来试试。”

不久，找草的船员真的收集了一大捆在这个岛上最坚韧同时又不是很粗的不知名的草，那个会编草鞋的水手看了认为大概可以，于是

就地取材，改穿草裙 （插图: 徐国华 冯维益）

拿出去，摆在沙滩上暴晒，边走边说：“要晒干了才好编。”很快，草就晒干了，这位水手边回忆边编织。他按传统工艺，编成了中国农村常用的草鞋。

但该水手还有点精益求精的精神，打出来一双以后，他左看右看，口中喃喃自语：“还得改进。”于是又加厚了鞋帮，附上了鞋带，还按各人的脚形做成大中小码。

第一次试穿草鞋，大家都觉得既舒服又新鲜。有人风趣地说：“嘿，想不到比皮鞋都舒适呢，又软又透气！”确实，有了草鞋，走路就不一样了，不论是寻找树叶还是抓鸟，再也不用担心脚被礁石划破了，大大方便了船员们在岛上的生活和劳动。大家一致称赞这位水手聪明，手巧。而我想到的是，每个人都有他的长处，只要你发挥了他们的长处，就可以战胜很多困难，对共同在孤岛上生活也更有信心。

还有一件更为有趣的事，一日，有人把衣服脱下来，趁下雨时利用雨水把衣服洗干净，保存了起来，而自己平常却光着身子，只用几片叶子遮住下体。他得意地说：“不穿衣服，更凉快呢，人处荒岛，人天一体，没有什么不好意思的，反正在岛上清一色是男人。”

其实，谁都知道，他是想着有一天走出小岛时，能保留体面的衣服，穿得像模像样去见人。

一时，大家有样学样，个个脱光了身子，只在下身遮盖上简单的树叶。

从此，在这荒岛上，海员们开始过上了穿草鞋、住草棚、吃树叶、赤身露体的原始生活，就像野人一样。

以故事鼓舞斗志

时间一天天过去，转眼在孤岛上已过去半个月。忙碌的白天还好对付，但在漫长的黑夜，海员们难免不思念家乡、思念亲人。尤令他们失望的是，这种日子哪里才是尽头？还有没有尽头？有没有可能与外界联络得上？在一些同伴中，悲观失望的情绪开始弥漫。

这也难怪，半个月来，瞭望者每天报告的消息都是：“没有发现任何情况。”大家虽然也每时每刻面向着大海，却从未见过海面上有哪怕一根树木之类的物体漂过，更不要说有船经过。而在无垠的天空中，除了飞鸟，也没有见过一架飞机。这种辽阔与寂静，正是滋生失望甚至绝望的温床。在这个孤岛上到底要待多久？再待下去会不会饿死？有些人信心开始动摇起来。

根据多年的航海经验，我心中很清楚，低落的情绪会给大家带来什么样的后果。我的脑海里又冒出那本多次阅读的《鲁滨逊漂流记》。

“我可以为大家讲述这本书的故事啊。”我突发奇想。“这本书讲的就是远离大陆的海员如何在孤岛求生的故事。而且情节曲折生动引人入胜。更重要的是，书中有一种乐观主义的精神。我们现在最需要的就是这种精神啊。”

于是我开始回忆这本出版于200多年前，描写海难海员在孤岛求生的日记体小说，有着海难、孤岛、小动物、工具、武器、刻木记事、打猎、风干葡萄、养羊、星期五、恐怖的食人族等等要素。“这个故事反映的就是我们现在的生活，说一下可以鼓舞士气缓解绝望情绪，选在晚上讲然后入睡，效果会更好，这样也许可以驱散孤寂及绝望。”我想。

又一个夜晚，我把大家叫到一起，让生火长提早把篝火烧起来。大家也不知道我要说什么，都来了。

我说：“今天晚上主要是有两件事，一是请大家谈谈现在的想法。我们在孤岛上已经过了一个多月，我和大家一样，开始想念家，想念我们的城市，想念我们赖以为生的轮船。我们还不知道要在孤岛上待多长的时间。我把大家召集起来，围在火堆旁，就是想坐在一起，分享感受。大家有什么就说什么，有什么郁闷都可以说出来，彼此开解。第二，我想利用这个晚上跟大家讲一个故事，可能有人看过或者听过的《鲁滨逊漂流记》。”

大家听到我说让大家谈现在的感想和我要为大家讲故事，立即就活跃起来。有些生活阅历浅，没有遇到过重大事件，刚刚踏出家庭的年轻人，讲了一下思念家人的想法。我说，这些想法完全可以理解。但是，“海员本来就四海为家，现在孤岛也是我们的‘家’。为了我们远方有亲人的家，我们必须顽强地坚持下去，最终活着回去，这是对家最好的思念，对亲人最好的思念。”然后，我开始讲《鲁滨逊漂流记》。

故事生动有趣，人物栩栩如生。我凭记忆逐层展开故事，从遇难到在孤岛生活，有时也添油加醋，令大家捧腹大笑，最后我说：

“鲁滨逊一个人，能单枪匹马在孤岛上生活20多年，我们36个人，难道不能坚持一年半载？人多力量大啊！鲁滨逊生活在近200年前，那时候的科技水平远不如我们今天，我们的本事应该比鲁滨逊大些才对。我相信，坚持下去就一定能得救！”

在我的带动下，讲故事成了孤岛晚上一个固定节目。在我讲完《鲁滨逊漂流记》以后，大家争着讲自己记得的有趣的故事，今天你讲《水浒》，几天后他讲《三国演义》，就连英国护航队员也不放弃自己表演的机会，讲起他所们知道的故事，还做表演。从此，每个晚上就成了讲故事、谈天说地、研究工作的时间，海员们低落的情绪渐渐又高涨了起来。

出海探险

30天过去了，35天过去了，40天过去了……

学着鲁滨逊的样子，我们也在树干上刻画标志，简单地刻录遇险以来的每一天。按照原始记录，已经在岛上过了45天。大家每天东看日出西看日落，举目四望，依然是那一片汪洋，汪洋上是永无止息的浪波。这种等待何时是尽头？有人提出，与其坐着消极等待救援，不如主动外出探险。外出也许还可以漂出小岛，在海上遇到路过的船而获救；也许能漂到大陆去。

这个选择也曾在我心中多次出现，但有两道难题横在面前：

一是谁去？去了，万一路上有闪失，怎么办？我怎么能忍心让他们去？已经在沉船时牺牲了19人，我再也不能让一个人失去。自己去吧，又怎能丢下岛上的几十号人？

二是哪里有船？没有船怎么出去呢？造船？造船需要工具和材料啊！现在手头仅有一把斧头和一些从破损救生艇上拆下的角铁、螺丝、钩子和木棒等有限的材料和工具，其他工具就没有了，依靠现有的工具造一条船谈何容易。但为了安慰大家，我还是默许了他们的要求，尝试自己造船。

有了这种想法，大家便干了起来。卡萨、木匠和水手选择一棵倒下的大树，硬是用火烧、用斧头劈，花了10天时间，费了九牛二虎之力，终于做成了一个独木舟。

这可是大家共同劳动的成果，也是许多人求生的希望。大家在独木舟上插上桅杆，从沙滩一步一步移入了大海。

喜悦洋溢在大家的脸上，大家屏着呼吸看着小船逐渐移入大海。但独木舟还没有来得及平稳地浮起来，只在水中央转圈，然后干脆就来了个兜底翻，像是一只倒过来的碗。大家一看就知道，这是由于船底没有平衡舵，上重下轻，小船覆没了。第一次探险行动刚刚开始，便宣告结束！半个月又过去了。

但是，我们没有气馁，信奉“失败是成功之母”的古训，总结经验。

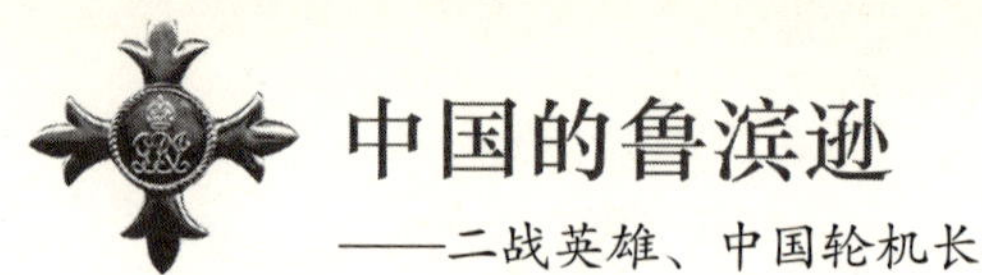

探险木排，出海寻救助　　（插图：徐国华　冯维益）

第二次，我们吸取教训，制作时注意独木舟的上下、前后、左右平衡，同时仔细将原救生艇护舷的扁铁、木板拆卸下来，取下可以使用的螺栓、铁钉，对船体进行了认真改造，做成木排形状。20天过去了，宽1米多、长4米多、具有较好的稳定性且又结实的木排终于下水。这次制造的木排不但稳定性好了很多，在功能上也进了一步，在船舯部用木板盖了一个小舱室，不仅能供人栖息，而且还可贮存一定数量的食品和淡水。

这次造的木排获得成功，顺利下水，使大家有了这样一个感觉：只要有人在，只要发挥众人的智慧和力量，就可以做到一些原本以为不可能的事。接下来要做的，就是确定哪几个人外出探险，谁愿意并有经验带队。

卡萨老张自告奋勇，郑重申请作为探险者。这让我觉得放心，但这一个多月来，卡萨为驻扎孤岛献计献策出力最多，是我得力的帮手。现在他要驾艇独自闯海，我一来担心，二来有点不舍。经过衡量，还是觉得他是合适的人选，因为在大海上漂流，需要一个勇敢、有经验和有主见有能力的人。

人选确定了，一共4人，为了便于与外界沟通，还选了一名英国护航员。为应付探险可能遇到的问题，大家为英勇出海探险的副水手长等人，作了最充分的准备。首先，考虑到木排船航速慢，我们为他们准备了一个月的粮食和淡水，大家甚至还想到一旦与外界接上了头，很可能需要零花钱，还凑了300多美元做应急费用。

卡萨他们挂帆持桨，驾着小船徐徐离开岸边，向东北方向驶去。我和其他海员一道站在海滩边，默默注视着，目送小船慢慢远去。每个人都在忐忑中默默祝福，想象着早日接到好消息，直到小船消失在大海深处，才恋恋不舍地返回宿营地。

晚上，虽然大家仍然是围着篝火，但都没有心思讲故事了，谈论最多的是老张和他的小船。期间有几次出现了沉默的冷场。大家心里知道，是所有在场的人，内心都记挂着外出探险的同伴，他们的患难兄弟，担心着老张探险途中的安全。也有人打破沉默，说老张现在应该到了什么位置，以此压下自己心中的不安和表达心中的祝福。还有人口中不停地自言自语，祝福老张一帆风顺，早日碰到援救的人。

这一夜，欧罗巴孤岛上的人们听着不远处大海依旧的涛声，无法入眠。

遇到困境

在这不停地期盼和遐想中，大家又度过几个不眠之夜。

第 64 天，也就是 1944 年 10 月 15 日，一件意外的事情终于发生了！

造水器——几十人每天淡水的提供者，在使用 2 个月后，锅内盐垢的凝结越来越频繁。有一位负责烧水的船员在刮铲盐垢时，不小心把铜锅铲破，再也无法使用。另一台造水器也有同样故障，造成造水量大大减少。如果按照这个生产能力，人们最基本的饮水供给将成问题。没有水，无疑是一场突如其来的危机。

材料已经用完，再造一台造水器已不可能。怎么面对这一场严重的危机？我觉得事情可能会比较严重。

“节约用水，尽可能减少非必需的用水。除了饮用以外，不能将淡水用作其他用途。”我说。

这虽然不是最根本却是当前最现实的选择。但命令的背后，我十分坐立不安，深感现实的危机，但我不能表现出恐慌，只能不停地安慰大家：

“别急！我们还存有一大桶水，只要我们注意节省用水，就可以坚持下去。”

又说：“雨季要来了，一到雨季就不怕没有淡水了，我们可以接雨水啊。”

我还说：“老张他们出发已经好多天了，很快就会有消息的，只要我们再坚持下去，一定可以获救。”

我知道，我的镇定会影响他们，或多或少可以鼓舞大家的勇气。据我的观察，这些话，对大家还是有作用的。

有困难，但没有丧失希望。

大家在困难中，仍然怀抱着对生命的渴望，坚持着。

发现盟军飞机

这样又过了10天。

10月25日，对于在孤岛生活的落难海员来说，具有十分重要意义。

中午时分，瞭望人员突然发现，北方天空有一个黑点向岛的方向移动。我估计有可能是一架飞机，但还不敢肯定，于是急着呼唤大家：

“发现北面有飞行物向我们飞来！发现北面有飞行物向我们飞来！注意是哪国的飞机。”

可是当大家回过神来，意识到这是一架飞机时，飞机已掠过小岛上空飞走了，但有人看见标志，是英国空军的飞机。

飞机的出现令大家兴奋无比，大家只顾着惊叫，早已把施放求救信号的事给忘了。

“快点火！放信号弹！”我忙命令值班人员发射烟火信号弹，点燃橡胶。

在很短的时间内，一堆早已备好的柴火点燃，一股黑烟顿时窜到小岛的上空，有人不断将生胶块撒在火上，扩大黑浓烟的范围。

在人们期待的目光中，飞机仍然向着小岛的反方向飞行，这让大家感到失望。但在目光的远处，飞机开始改变方向，从背向小岛向左

海员用身体在沙滩排出船名，以取得飞机联络　　（插图: 徐国华　冯维益）

转弯，然后继续左转，180 度以后，径直朝小岛方向飞来！大概是飞行员注意到了孤岛上突然冒出了黑烟，又转了回来。

“飞机发现我们了！飞机发现我们了！”所有眼睛都集中到飞机上，一齐欢呼起来。

飞机在小岛上空盘旋起来。船员们清楚地看到那是一架英军的巡逻机。此刻大家内心的激动难以形容。我们在沙滩上连蹦带跳地呼喊着，像是一个走失了很久受了很多委屈的孩子，见到了亲人。

飞机盘旋了几圈，在小岛一个相对空旷的沙滩上空，丢下一个铁罐。

“这是联络的信号！”我估计。

有人早就冲到了铁罐跌落的地方，兴奋地捡拾起来，交到我手里。我打开铁罐，只见里面装着一张折叠的纸条，上面用英文写着：

“Who are you?（你们是什么人？)”

我看到后，要求大家按照过去操练的排列，11 个人躺在空旷的沙滩上，简练地排出“RADBURY(雷贝利)”这几个英文单词。

应该是看到了我们由人体在地上组成的字母，不久，飞机又丢下一个铁罐，内附的纸条上写着：

“你们的情况已了解，请等候！我们将报告英军司令部来营救你们。”

小岛上顿时一片欢腾。

“有希望啦！我们得救啦！我们得救啦！”大家欢呼着、跳跃着，眼泪情不自禁地流了下来……

这是幸福的一夜。这一夜，大家还是早早就来到了平时集中听故事和讲故事的地方，但没有讲故事，而是互诉憧憬与亲人团聚的喜悦。

第二天下午，果然飞过来一架运输机，抛下 2 只大木箱。大家迫不及待地打开箱子一看，里面全是食品和衣服，有巧克力、饼干、香烟、

喜获空投物资　　　　（插图: 徐国华　冯维益）

淡水、啤酒和糖果。

这些可是久违的食品。两个多月以来，我们吃的是野菜龟油等，已经吃得很腻了。

我迅速将这些物品分派给每个人，并提醒大家：

“慢慢吃，注意消化，不要一下吃得太多。”

得救

10 月 28 日。这是一个大家终生难忘的日子。

一艘英国皇家海军护航舰“Linaria (K282)”由远而近来到小岛不远处，抛下了铁锚，迅速放下小艇驶至小岛，将遇险的 32 名海员分批接上了军舰 。大家受到官兵们的热烈欢迎和舰长的热情款待。舰长告诉大家，他们是从马达加斯加英国海军基地安道尔港开来救援大家的。

据他们说，在得悉“雷贝利”轮被击沉的消息后，英国军方曾多次派飞机到附近搜寻，可惜都没有发现任何目标，司令部以为“雷贝利”轮可能全军覆没了，舰长说：

“这次却非常幸运地找到了你们，上帝保佑。”

这是“雷贝利”轮海员遇险的第 76 天。

二战英雄　英王授勋

整理者记：卓东明以沈祖挺的身份一口气讲完了当年沈祖挺亲自向他叙述的故事，有如放下了一个压在了自己心头的沉重且珍贵的宝物。

他说，虽然在 1981 年自己曾写过一篇《中国的鲁滨逊》，发表在《航海》杂志，但觉得文章的素材还不是很足够，一直想完善补充内容。

事实是，在这30多年，卓东明一直未停止过，为还原这一事件进行考证，包括调查了解孤岛的细节，进行技术上的还原和对遇难船员的身份、历史事实的调查和研究。本章（附录资料）就是他在近年借助互联网搜集到的。这使得沈祖挺在孤岛求生的76天有了更多翔实的细节，整个团队的活动更确切生动。

更重要的是，卓东明还有一个心愿，就是完整展示沈祖挺的一生。为此，他不顾年事已高，不辞劳苦走访有关知情者，四处找寻有关沈祖挺的工作、生活、家庭、同事和朋友情况，还原沈祖挺一生光荣而坎坷的经历，他要在自己有生之年将其公诸于世。

以下是卓东明的忆述。

我曾问过沈祖挺，他带领一批海员漂流荒岛的经历是怎么传到英国，又怎么引起首相丘吉尔、英王乔治六世的重视，给他发勋章的。他说，1944年底，他和“雷贝利”轮的船员从蒙巴萨回到印度加尔各答，得知那里有很多因战争关系滞留在印度的中国海员。他开始和他们接触，并逐步参加了他们的一些活动，如轮机师协会，组织海员足球队。那些中国海员被他漂流荒岛得救的事迹所感动，有的写文章，有的请记者采访，很快消息传到英国。征用这艘船的战时运输部经调查，了解到“雷贝利”轮被击沉，30多名海员在沈祖挺轮机长带领下，以无比坚强的意志和智慧逃到荒岛，克服无淡水、无粮食的困难，坚持76天，直至获救的英雄事迹，非常震撼。英国战时运输部的副部长西里尔·赫科姆（Cyril Hurcomb G.B.E. K.B.E 爵位大十字勋章，司令勋章持有者）于1946年1月10日，以英国战时运输部名义，发函给在印度加尔各答的沈祖挺。公函发到他的住宅：

加尔各答，使命路，T33号

MINISTRY OF WAR TRANSPORT,
BERKELEY SQUARE HOUSE,
LONDON, W.1.

From Sir Cyril Hurcomb,
G.C.B.,K.B.E.
Director General.

10th January, 1946.

Sir,

I am directed by Mr. Alfred Barnes to inform you that he has learned that on his recommendation, the Prime Minister has obtained the King's approval for your Appointment as an Honorary Officer of the Order of the British Empire, Civil Division for the courage displayed by you in s.s. "Radbury".

I am to express the Minister's pleasure at this well earned recognition of gallant services rendered by you.

A copy of this letter has been sent to the Owners ship.

I am, Sir,
Your obedient Servant,

Cyril Hurcomb

Sung Tsu Ten,
T33 Mission Road,
Calcutta.

“阁下：

受阿尔弗雷德·巴恩斯[①]的指示，我在此通知你，经首相[②]的推荐，国王[③]已经批准授予你大英帝国荣誉官佐勋章[④]，以嘉奖你在“雷贝利”轮上的勇敢行为。

我在此转达首相对你因英勇服务而得到认可，表示荣幸。

这封信的副本已发至船公司。

你恭顺的公仆
西里尔·赫科姆爵士

① 阿尔弗雷德·巴恩斯（Alfred John Barnes, 战时运输部枢密负责人及部长，后任运输部部长）。

② 丘吉尔首相。

③ 英王乔治六世。

④ 即 O.B.E. 勋章。

1946年9月，日本投降已1年，沈祖挺开始思念祖国和他难忘的大海。他辞去在加尔各答英国石油公司修船总管的职务回到上海，经朋友介绍，到上海大北航业公司北元轮任轮机长，航行中国沿海港口到日本和东南亚航线。1947年6月他接到英国驻上海总领事馆的通知称：定于7月4日下午4时，在上海外滩英国总领事馆给沈祖挺授勋。大北航业公司提前半个月安排他离船上岸准备。

1947年7月4日下午，在上海外滩白渡桥旁的英国驻上海总领事馆的花园里，安排了一个非常隆重的授勋仪式。英国驻上海总领事庐克登，将代表国王授予中国籍轮机长沈祖挺一枚英帝国荣誉官佐勋章（O.B.E.），以褒奖他在战时的英勇事迹。英国驻上海航运参赞伊凡斯，驻上海海军参谋巴洛特，海军助理参谋布朗，驻军助理武官密勒在下午3时许陆续到达。国民政府指派外交部驻上海办事处主任陈国联参加，上海市政府、航运界以及沈祖挺亲友数十人也去参加授勋仪式。

4时正，授勋仪式正式开始。沈祖挺身穿白色海员制服，佩戴轮机长肩章和金边海员帽，由总领事馆人员带领出场，全场热烈鼓掌。英国总领事庐克登向大家介绍沈祖挺在第二次世界大战期间英国战时运输部征用的“雷贝利”轮任职轮机长，表现英勇，经战时运输部报告首相，又经首相推荐，国王乔治六世批准，授予沈祖挺一枚英帝国荣誉官佐勋章（O.B.E.）。随即，在掌声和军乐队演奏声中，总领事将勋章佩戴在沈祖挺的制服的左胸。仪式结束后，上海各大报刊的记者们，涌向沈祖挺采访。

这些年我还一直在寻找当时“雷贝利”轮被击沉的记录。几年前，我在上海等地翻阅当年的各大报纸，发现：

1947年7月5日，上海《申报》，英文《大陆报》《华北日报》等各大中英文报纸在显著位置以《战争中的英雄》为标题，刊登一条消息：

英驻上海总领事代表英王为沈祖挺授勋　　（插图：徐国华　冯维益）

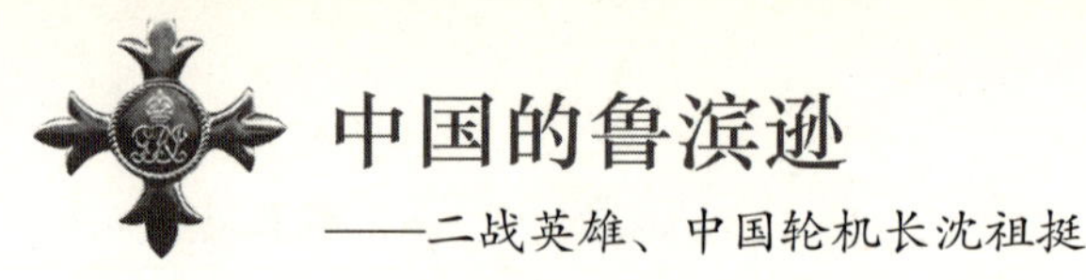

中国的鲁滨逊

——二战英雄、中国轮机长沈祖挺

“英国驻沪总领事庐克登于昨日下午四时，在领事馆代表英皇和英国政府将一枚英帝国官佐勋章 O.B.E.[①]授予中国籍轮机长沈祖挺，以褒奖其在第二次世界大战时英勇表现。”

消息称，沈祖挺于 1943 年 7 月在一艘英国战时运输部的“雷贝利”轮 (S.S.RADBURY) 任轮机长。1944 年 8 月 13 日晚 9 时，“雷贝利”轮为英国作战提供补给，从北非运送军用物资到南非，航经马达加斯加海峡途中，被德国潜水艇击沉，英籍船长及驾驶员等人不幸遇难。沈祖挺带领幸存的40名海员，乘一艘救生艇漂流到一座小岛。在这荒无人烟、缺粮无水的小岛上，沈祖挺不畏艰险，组织海员攻坚克难，过着现代“鲁滨逊”式的生活，直到 10 月 28 日被英军发现并获救。历时 76 天。

虽然颁发勋章距事件发生的时间已经过去了近 4 年，该条新闻还是轰动了整个上海滩。沈祖挺，这个出生于浙江，在上海读过几年书，并在上海做过工人的普通海员，一时成为全城瞩目及敬仰的人物，成为上海人乃至全体中国人的骄傲。

大英帝国勋章中的 O.B.E. 官佐勋章，属于大英帝国勋章中的第 4 级勋章，一般授予有重大贡献的官员级人员。据了解，1980 年代以后，获此勋章的有：1981 年，著名华人作家金庸；1993 年，前香港特首曾荫权；2000 年，英国系列小说《哈利 · 波特》作者 J.K. 罗琳；2003 年世界著名球星大卫 · 贝克汉姆。

这里要说明的是：记得沈祖挺和我谈过，1947 年 7 月 4 日前，上海各大报社知道英国驻上海总领事代表英王和政府，准备向沈祖挺颁发勋章，争先恐后地去采访他们，急忙之中他请一位船员写了一份“遇险经过”。这份报告提及的遇险时间、人数出现一些差错。其实确切

---

① 大英帝国勋章中的第 4 级：荣誉官佐勋章 *Officer of the Most Excellent Order of the British Empire* 简称 O.B.E.。

英国驻上海总领事代表英王颁发给沈祖挺的 O.B.E. 勋章

的出事时间应为1944年8月13日，遇袭后船员19人牺牲，36人幸存漂流到欧罗巴岛。其中4人离岛探险，只有1人生还，于11月1日回到莫桑比克。岛上32人于10月28日由英国护卫舰救出，为期76天。

新闻引出的故事

在收集沈祖挺事迹资料的过程中，我了解了一位学兄沈邦根，他是我当年就读的国立吴淞商船专科学校的校友。1947年，沈邦根正在上海高中三年级就读，是应届毕业生，正在紧张复习备考，原来准备报考复旦大学或上海交通大学。正是因为看到了当时的上海《申报》报道沈祖挺任轮机长的为英国运送战略物资的船舶在二战航行中被德军击沉后，流落荒岛坚持几十天，这一悲壮又传奇的事迹，受其鼓舞，决定放弃原来的打算，转而投考吴淞商船专科学校轮机科，并从此走上了航海的道路，终身在海轮上当轮机员、轮机长。沈邦根不但由此走上了航海的道路，后来更成为广州海运局的优秀船员，被评为海运局的功臣。

2014年年底，我找到了这位也居住在广州，现已退休多年的学兄，并邀请他参加本书写作的座谈会。

事后他给我寄来一封信，信中写道：

“记得当时1947年，我还在上海读高中三年级，即将毕业，是准备考大学的一群学生之一，在当时的报纸上读到他的事迹后被感动，就报名投考当时上海十个国立大学中的‘国立吴淞商船专科学校’。”

更巧的是，他后来竟也被分配到了广州华南海运局（后来改称广州海运局），有机会与他的偶像沈祖挺成为同事。那时沈祖挺在机关主管船舶技术工作，沈邦根在船上工作，偶然下船到岸上办事或接受调动，就会见到沈祖挺。虽然这样的机会不多，但是每次见到沈祖挺，沈邦根都会感到心里暖乎乎的，很是激动。他告诉我，他对沈祖挺的最深印象是，平易近人，完全没有架子。他做船舶技术分析语气温和，抓住重点，通俗易懂；他对专业知识精通，经验丰富，句句到位；对我们这些在船舶上做轮机业务工作的人，针对性强，很有教益，尤觉亲切。即使到了现在，虽已过60年，仍然记忆犹新，感铭有加。足见当年沈祖挺的事迹对国人，尤其是年轻一代的影响。

第二章

流落异国

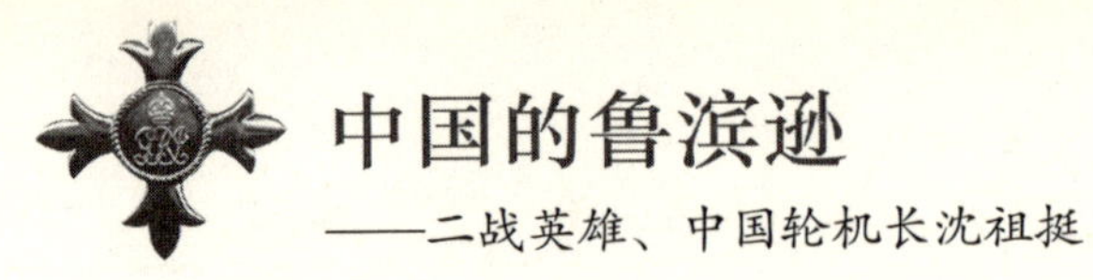

中国的鲁滨逊

——二战英雄、中国轮机长沈祖挺

整理者言：从孤岛被救以后，沈祖挺去了哪里？他为什么要去那里？他在那里的生活怎么样？在我们初步掌握到的资料中，这段经历并不清晰。

带着疑问，我作了深入的了解，发现了许多鲜为人知的故事……

“中国的鲁滨逊”

沈祖挺的经历堪称传奇。从孤岛获救后，1944 年 10 月 30 日下午，接送沈祖挺一行人的英军军舰抵达肯尼亚的蒙巴萨港，受到了英军的热烈欢迎。随即，全体海员被送到英国海军司令部，为了表彰他们的英勇和智慧，激励士气，当局邀请沈祖挺代表全体海员，向司令部有关人员作一天的详细报告。

布置简单但十分庄重的报告会上，沈祖挺用他流利的英文回顾了这 76 个令人终生难忘的日夜。他那具体踏实，没有夸张陈述的平静语气，使人感觉到他及他的同伴没有一点劫后余生之感，而更像是在叙说一段平常有趣的故事。与其相反的是，在座的人们表现出极大的热情和兴趣，对沈祖挺等 36 人的遭遇表现出强烈的同情之余，更佩服他们的勇气和智慧。当讲到他们在绝望中发现孤岛，自制造水机，寻求岛上的乌龟及鸟蛋，试食树叶解决便秘，自制独木舟探险，以树叶蔽体，以鲁滨逊的故事鼓舞自己坚持信念等精彩细节的时候，会场更是出现感叹之声。

“哦，鲁滨逊，中国的鲁滨逊！”

不少在座的英国人像在回忆起自己曾经阅读过的《鲁滨逊漂流记》那本神奇的日记体小说。鲁滨逊的故事在英国家喻户晓，尤其是与海打交道的海员，包括海军。作者丹尼尔·笛福虽是 200 年前的英国作家，但英国人太熟悉、太热爱他了。鲁滨逊的故事，曾经鼓舞过多少英国人及世界各地勇于探险开拓的人，这些在座的听众都是与海打交道的

遇难海员回到蒙巴萨港，受到英军的热烈欢迎　　（插图：徐国华）

人，他们面对坐在讲台上的沈祖挺，自然更觉得亲切，觉得他就是活着的鲁滨逊。

和他 30 多名死里逃生的同伴一起，沈祖挺获得了无数掌声。

沈祖挺走下讲台，他被人们拥抱、祝福。台上台下融为一体，为了人类的和平事业，为了对抗不可一世的法西斯，这一刻，没有种族之分，没有人种之分，正义将人类联系在一起。这是沈祖挺此刻看到和想到的。

这一切都完成之后，英国海军司令部方面问沈祖挺：

“我们可以将你们送到你们希望去的地方，沈祖挺轮机长，请问你们要回到祖国什么地方？香港？还是上海？”

这一问，沈祖挺仿佛才从远离社会的孤岛生活中回过神来。他好像从未想过这个问题。过去的几个月他都是在为生存而忙碌，面对的都是如何活下去的问题。现在，他，他们突然被告知可以回家了。消息来得令人有点措手不及。哦，这是一件多么幸福的事情。家，家人，同伴，久违了，还有他特别记挂的幼小儿子。家乡、亲人至今还未知自己的下落啊。他们怎样了？

但是，再仔细一想，到底该回到哪里？他有些惘然了。

他首先想到的是香港。是啊，他在香港结的婚，他的孩子在香港出生，太太蔡丽文是香港居民，他的家应该说就在香港。但是，香港已经沦陷了，1941 年 12 月港督杨慕琦已被迫宣布投降。其实在 1941 年 12 月 7 日，日本人偷袭珍珠港当天，日本军队就从深圳进攻香港，负责防守香港的包括驻港英军、英属印度陆军、印度香港防卫队、香港警务处、加拿大军队和协助驻港英军撤离的“中华民国”国军。虽经历了香港保卫战，但英军在欧洲战场自顾不暇，加上种种原因，终于还是宣布投降。日军在香港滥杀无辜，那里已不是自己可以回去的地方。

回大陆上海？那是他出生的地方，但上海在更早的 1937 年就沦陷了，早已成“孤岛”，家人四散无踪，也不能回去了。

那么，到底应该回到哪里去呢？有家难归，有国也不能回。沈祖挺不免感到悲凉。其实，沈祖挺的境况是所有获救海员的共同处境。

沈祖挺决定逐一征求大家的意见：“我们该回到那里？香港、大陆还是其他什么地方？中国四处是战火，而且许多地区已沦陷。”

这真是一个伤心之问，勾起的只有伤感情怀。但大家都不能回避，总还是要作答的，不可能长久待在这里。大家的心早就飞走了。

“我们暂到印度怎么样？”终于有人提出。

大家都听到了这个提议。其实自从发现英军救援飞机那一刻开始，大家已经在思考这个问题，犹豫回去后落脚的地方。日军侵华，大陆及香港沦陷以后，中国海员纷纷逃到印度的加尔各答以避战火，当时的香港也是由英国人管治，与印度一样，宗主国同为英国。加尔各答又靠着恒河三角洲，过去很长时间为英属印度的首都，正是中国海员们比较理想的临时栖身之地。事实是，在战争开始不久，就有不少中国海员在那里暂时落脚讨生活。

“好！”这个提议获得了大多数人的同意。

“去印度加尔各答！就这样定了！”沈祖挺告诉英军司令部的长官。

临走时，英国海军告诉沈祖挺，他一直关心并多次提问的驾自制木排外出探险的副水手长老张等人也有了下落，他们是 3 天前在位于马达加斯加南部海域被救起的，现已住进英国军方的一家医院接受治疗，沈祖挺的一颗久久悬着的心才放了下来。不过他心中还是有疑问：为什么说的是只有 1 个人？明明是 4 人乘船外出啊？

再次踏上加尔各答

这一天，印度加尔各答码头一片热闹，一艘英国海军舰艇徐徐靠

再次踏上加尔各答，受到当地华人的欢迎　　（插图：徐国华　冯维益）

在码头。岸上，一群中国面孔的青年聚在码头，期待着准备下船的同胞兼同行。因为他们知道，“雷贝利”轮上死里逃生的 30 多名兄弟将在此刻回来。

没有锣鼓，也没有鞭炮。只有期待的目光，只有渴望的心。是的，作为同行，在这战火纷飞的乱世，见到过太多的不幸。海上风云莫测，更有虎豹豺狼。在二战打响后，德意日法西斯在海上攻击盟军船舰及为盟军运送军需的船只，甚至无辜的民用船也不能幸免，已有太多同行死于法西斯的炮火之下。

但他们并无畏惧，因为他们知道，法西斯的残暴并不会因为我们的善良而退缩。他们引以为傲的是，在这场无法避免的正义与邪恶的交锋中，他们也应该付出并且已为此付出。为了自己饱受磨难的国家，也为了全球爱好和平的人们的共同理想。他们为自己的付出而无悔。

沈祖挺自然知道，中国海员为了抗击法西斯付出了无数鲜血与生命。

知识链接6

中国海员在二战中的牺牲人数及贡献

截至 1943 年 3 月，二战期间英国商船上中国海员的伤亡人数为：

死亡831人，失踪254人，还有268人被俘，合计1353人。

在其他国家中国海员的伤亡包括：1940年12月7日，挪威商船“海特格”号（Haiturg）在从曼谷航行新加坡途中，被日本军舰击沉，船上44名中国海员全部遇难。1940年12月12日，“Hydra II”号在马尼拉附近被日本鱼雷击中，船上44名中国海员，仅6人被瑞典商船“哥伦比亚”号（Columbia）救起，38人遇难。

1941年2月23日，荷兰商船“格洛可可”号（Grookekerk）在从新西兰到美国途中被德国潜艇U-123击沉， 34名中国船员全部遇难。

1943年9月，美国将两艘自由轮租与国民政府，国民政府将这两艘船分别命名为“中山”号和“中正”号，划归中国邮船公司（China Mail Steamship Co.）所有。船上除船长和轮机长以外，大部分从国内船员中选拔到海外服务。其中“中正”号，在从印度装运8350吨钛铁矿石运往美国的途中，在北纬13度，东经54度20分附近被德国U-188潜艇击沉，船上共有人员71人，其中11名美国高级船员，4名中国高级船员，29名中国低级船员，还有27名美国士兵。死亡20人，大部分是中国船员，另外51人被英国货船营救。“中正”号也是二战期间唯一一艘被德国潜艇击沉的中国籍商船。

截至目前统计，被德国U型潜艇击沉的各国商船里，中国死亡海员中有具体姓名的，为1256人。他们死亡时平均年龄是35岁，因当时档案管理落后，还有很多阵亡的中国海员没被写在名单中。二战结束后，根据中国驻利物浦领事罗孝建统计，中国海员的死亡率达10%，大约为2000多人。

而在澳大利亚中国海员劳工营，1941年底太平洋战争爆发后，因战事而滞留在澳大利亚的中国海员有2000人之多。此时，中国与澳大利亚是盟国，这些有技术又大多会英语的中国海员，经中国驻澳大利亚公使馆与澳大利亚战时政府协商同意，编入澳军劳工营，直接参与反法西斯战争。

其中最重要的一批中国海员，来自英商太古轮船有限公司（China Navigation Co. Ltd.），“安顺”号（Anshun）、“重庆”号（Chungking）、“汉阳”号（Hanyang）、“鄱阳”号（Poyang）、“岳州”号（Yochow）、“云南”号（Yunnan）六艘轮船，人数大约500名左右，英美对日宣战后，为了躲避战火，太古轮船有限公司将船开到澳大利亚，这些中国海员滞留在西澳大利亚州首府珀斯。

1942年初，他们中的大部分人被澳大利亚军事当局征召，编为澳军中国海员劳工营第七连。其余的人，除了因身体状况不适合工作之外，则被分派到其他地方，包括被派到澳大利亚皇家海军的武装商船队中工作。中国海员劳工营第七连先在西澳洲的福瑞门陀（Frementle）港口，为美军修理军舰。1943年前后，他们就被全部转到布里斯班(Brisbane)，在美军设于布里斯班河靠近出海口的伯林坝（Bulimba）船坞工作，负责为美军修船和建造登陆艇。

（本资料由大连海事大学航海历史与文化研究中心主任、副教授韩庆提供）

虽然，在现场的欢迎队伍并不知道如此详细的数据，但是他们不断听到不幸的消息，不断传来同行逝去的噩耗，自然知道，活着回来已是最好。世界的局势正向着有利于爱好和平的人们的方向发展，希望的曙光已经在不远处。

码头上一片鼎沸的人声，舰上终于走下来一群中国面孔的人。

这并不是一个讲究仪表的仪式，从舰上走下来的几十人当中，只有沈祖挺穿着一套在蒙巴萨的海员朋友送的，白色短袖上衣和短裤的夏季海员制服，其他的人只穿着一件汗衫，头发不整，胡子拉碴，面色黝黑，手上也没有带着任何行李。所有的人无一例外地流露出兴奋和疲惫。见到他们，欢迎的同行中还是有人不禁落泪。

对于暂时不能回到祖国的他们，见到了同胞和也有点熟悉的异国，沈祖挺心中确是百感交集。他不禁想起自己与加尔各答的过去。

加尔各答的中国海员工会派人到码头迎接这批生还的受难海员，安排临时住宿，并替他们联系在印度的亲友，设法帮助寻找适当的工作，以解决生活问题。工会义工们的热情和耐心使受难海员非常感动。沈祖挺找到他过去同船老同事，暂时住他家里休息几天，并设法尽快寻找新工作。对于他来说，找份海员工作不会太难。但是，这 70 多天来，他漂泊在海上，孤岛上，身心都感到极为疲劳。他需要在岸上调养一段时间。他的这位老同事是他很不错的好朋友，也劝他在自己家里多住一段时间，不要忙于找工作。正是在这段时间，他通过书信、电报与在国内的家人联系，探望、走访当地的老朋友、老同事……更重要的是，他在这段时间更深入地了解加尔各答，通过各种渠道了解世界的战事，特别是了解国内抗战的情况。直到第二年（1945 年）8 月才找了一份在英国石油公司当总轮机长的工作。

事情要从几年前的 1941 年 7 月说起，当时经友人转告，内孖治洋行要聘请轮机长。沈祖挺觉得是一个机会，便决定应聘，于是去见经理。该洋行经理一听沈祖挺曾在中国海关船上做过轮机长，马上表示录用他。因为他知道海关船管理严格，技术要求和人员素质较高。

其实沈祖挺最清楚自己，在旧海关船上工作近十年，一方面经受英国人在海关严格的管理，并学到熟练的英语，但另一方面，由于当时在中国的船公司多数是英、美等西方国家所有，高级船员多半是洋人，作为低级船员甚至华人高级船员也会被歧视甚至欺凌，成为船员中的“低等公民”。虽然待遇还不错，且能学习到技术，但在精神上并不愉快，感到不忿和压抑。然而眼前要解决的，首先是生计问题，他需要一份职业。

1941 年 8 月 2 日，沈祖挺被派往在香港内孖治洋行挂巴拿马旗的 S.S.IRAN 轮任轮机长，该轮于 10 月驶至印度加尔各答。这是沈祖挺第一次抵达此地。

经三管轮唐昌发介绍，他才发现原来在异国的加尔各答，有那么多的同胞和同行，认识了一大批滞留在该港的一些海员和华侨。当他接触到这些滞留在异国他乡的中国海员同胞，特别是了解了他们的处境后，不禁十分感慨。

可能现代人对当年国人为什么要上外国船当海员，甘心受外国资本家的剥削，为什么又要跑到印度等外国去落脚，受外族的气，也不回自己的国家有所不解。其实，当年中国经济落后，尤其是航运业方面，中资航运公司少之又少，而上海、江浙、福建、广东沿海一带，人口多，就业机会少，“靠山吃山，靠海吃海”，从做渔民到做海员，自然形成了当海员谋生的就业传统。说到底，就是谋生的需要。

纵观世界，这是一种国际性的现象。西方国家造船业和航海业发达，航运船公司应运而生，且多为发达西方国家掌控。这些公司要寻找廉价的劳动力，而经济落后的国家劳动力成本低，自然成为海员输出国。一般外籍船除高级船员如船长轮机长大副为外籍人士外，水手轮机员等低级船员，通常聘用第三世界沿海国家的廉价劳动力。

当时从事海员职业的，大多是经济欠发达如中国、印度、菲律宾等国家的青壮年男子，其中中国海员被认为是最能吃苦耐劳的群体，为各航运公司所欢迎，成为当时世界海员的主要人选。几十年后的今日，菲律宾人仰仗语言的优势和更低廉的薪资，才逐渐取代中国海员的地位。中国海员目前仍然是世界海员队伍的主要构成人群。

沈祖挺自然知道，20 世纪 30~40 年代，当海员是穷人比较好的生计。上海、宁波等地因为靠海，很多家庭三代做海员。繁重的劳作，长久的漂泊，为生活在沿海地区的家人换来相对丰厚的收入。为了吸引更多人从事海员的职业，航运公司给当时海员的工资，是根据他们的家人在陆地，海员在海上的实际情况，分两部分支付给海员及其家属。这就减少了海员的后顾之忧，吸引了更多的青年投身航海，安心从事船上工作。

二战期间，亚洲遭受日本的入侵，太平洋沿岸各国相继沦陷，其中中国沦陷区域从北至南，沿海各地更是民不聊生，民众纷纷向内地如贵州四川等地逃亡。轮船公司为了船舶以及正在公司服务的中国海员的安全，只能选择战事不那么激烈的国家和地区停靠，以避开战火。印度的加尔各答等地相对安全，自然成为船舶停靠补给及海员落脚之地。当时许多公司在香港设有机构，船员不少也来自香港。香港和印度均为英属领地，所以当时中国船员大都在印度加尔各答聚集，最多的时候达 5000 多人。

沈祖挺没在 S.S.IRAN 轮上待多久，1942 年 2 月，因老板要安排自己的亲戚当轮机长，沈祖挺被辞退了。公司按合同补发了一年工资，于是他回到加尔各答居住。此后，他的妻子也辗转经海路来到加尔各答。

像沈祖挺这样一家大小来到加尔各答的海员虽然不多，但也有一些，主要是一些高级船员。当然，更多的低级船员与家人长期分处两地。

1942 年 3 月，沈祖挺凭着过硬的技术和丰富的经验，更凭着他在航运界的名望，参加了由边坤宇（大副，新中国成立后在广州海运局任船长）等四人发起组织的中国驾驶轮机报务员联谊会。

关于轮机报务员联谊会，其实就是一个由有名望的从事船舶轮机及通信报务的船员组成的行业协会，属于群众组织性质。航海是一门涉及面很广，代表着最新科技成就的领域。通俗地说，现代船舶要在大海上航行，特别是环球航行，必须具备许多功能。首先要有动力；二要有获取外界信息，比如气候变化等的能力；三要能掌握船舶所处的位置。这就需要一批能够掌握和管理船舶这些功能的专业人才。船长、大副作为高级船员，负责驾驶船舶，必须熟练使用航海仪器，懂得天文、地理、货物装运知识；轮机长则要负责管理船舶动力及电力供应，保证主机（船舶动力的来源）、副机（发电机，为全船的辅助电器包括船员生活提供电能）的正常工作。可以说，轮机长是一艘船除了船长以外，甚至比船长更为重要的一个角色。如果一艘船没有了动力，那只能称为一个载物的仓库，有船长也无法把船开走。而每当船舶遇到风浪，动力就显得更加重要，因为船舶要与风浪搏斗周旋，靠的就是动力。船舶一旦失去动力，只能听天由命，任由风浪撕扯。因此，轮机长在航海中，是一个极其重要的角色，特别为船员所敬重。沈祖挺当年选择轮机这一行当，一是他对机器有一种天生的神往，从一入行就特想探究内中的秘密，同时他也有掌握机器的天分，对机器运作的原理特别有悟性。正因为他是优秀的轮机长，人们选他为联谊会的组织者。

刚刚成立起来的联谊会共有 20 余人。在成立大会上，当时国民政府驻印度加尔各答总领事保君建还出席讲话，说将来中国航运发展需要大量海员，特别是轮机方面的人才等等。虽是官话，也算在理。不过这位仁兄两星期后，便回到重庆。而刚成立的联谊会即在两个月后因经费用尽，也无疾而终。滞留的好几千海员还在加尔各答，依然在生活就业等等方面困难重重。沈祖挺本想利用联谊会为海员办点事，这个愿望最终未能实现。

自己掏腰包组织足球队

一日，沈祖挺闲来走到外间，发现附近的一个球场正有一群青年在起劲地踢足球。这个场面唤起了他对足球的热情，不禁回忆起小时候，自己在不成球场的草地踢球的情况。在辍学的一段时间里，他一有机会，

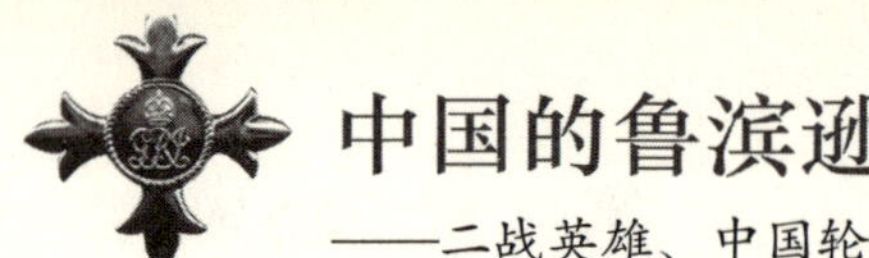

中国海员足球队在加尔各答　　　　（插图: 徐国华　冯维益）

就在外婆的眼皮底下溜出去踢球，后来发展为对足球的痴迷——除了自己喜欢踢，也喜欢看，有大球赛他就会想尽办法去现场观看。这次看到一群当地人在踢，他竟忍不住也下场去踢了起来。素不相识的印度人对他的下场不以为然，这使他有点不快。

沈祖挺从小喜爱足球，还有一个重要原因是，在他成长的年代，中国出现了一位闻名国际的足球明星李惠堂。李惠堂是活跃于20世纪20~30年代的亚洲足坛、被球迷和香港媒体誉为“亚洲球王”，列为世界“五大巨星”之一的大名鼎鼎的人物，是当时国人特别是青少年心中的英雄。他不但是战前罕见的优秀中国职业足球运动员，也是举国公认的中国足球第一人。李惠堂身材高大，球艺高超，球风优良，战绩累累，当然，球星的诞生绝非偶然，必然有一个众星拱月的社会环境，事实是，当时除了李惠堂，我国还有一大批优秀队员如香港南华队的后卫冯景祥及号称铁铲的李天生等等。这自然让当时年轻的一代对足球队球星着迷得如醉如痴，当时尚年轻的沈祖挺正是无数热心的追随者之一。

当时在加尔各答，其他国家的海员也不少，因都是年轻人，都喜欢活动，于是有人发起，组织各自的队伍进行比赛。年轻人好胜，不服输，尤其是中国海员，国家沦陷，都憋着一口气，体育比赛就成为他们显示国家不屈与勇气的一项活动。

这一次，又组织起比赛。像往常一样，无事可做的在岸海员集中起来。这次集中有一点不同，沈祖挺也积极参与进来了，还向大家宣布，他要自掏腰包，为全队购买球衣和球鞋。他说：“我们要以更好的面貌出现在球场上，统一球服。整齐统一有利于全队的合作，让队员更有精神；而球鞋穿在脚上，我相信大家的脚下功夫会更胜一筹，全队的技术发挥更出色。”

沈祖挺可以如此慷慨解囊出资武装球队，是因为这段时间他在当地英国石油公司（亚细亚石油公司）找到一份修船总管的职务，收入不菲。他租的房子有花园，除了雇保姆带孩子外，有厨子做饭，园丁弄花园。身处乱世、漂泊四方的海员经历，养成了他重友情轻金钱的性格，一旦口袋有几个钱，就要为大家花掉。现在一下有了较高的收入，他的“海员风度”又“发作”，也可能他的心里还有一个童年少年时的梦想，希望看见自己支持拥戴甚至统领的一支球队英武善战、驰骋球场、所向披靡，他把这支球队作为实现当年理想的希望，于是做出一般人做不到的举动。甚至提出，如果球队踢赢了，他请大家吃庆功宴，以资鼓励，一时间士气高涨。

其实当时参赛的都是些业余球队，其他队包括印度队，都是各自穿上自己平时所穿的服装和鞋子，甚至有的光着脚就下场踢了，像中国海员这么认真，这么有形有款的球队基本没有。有人问沈祖挺：“为什么你要花自己的钱去武装整支队伍？”他说：“就为了让人家看到我们是一支有组织有技术有团结精神的队伍，打出好成绩，显示出中国海员的精神面貌。”

在沈祖挺的支持鼓舞及带领下，球队果然先后赢了几次外国球队，用大家的话讲，“出了几次风头”。

虽然是业余的文体活动，但在当时当地也名声在外，甚至中国驻印领事馆对这些活动也表现出热情和关注。为了慰问远征军，中国驻印度加尔各答领事馆官员，还直接安排体育队出面欢迎，并开展了一场表演赛，还组织他们参与“七七”演剧筹款及代英国劳工部招工作表演等。

沈祖挺组织的球队和演出活动受到当地华侨的赞扬。国家贫弱，身在海外的华侨也被人瞧不起，虽然只是一场业余足球赛的胜利，他们也有扬眉吐气的感觉，觉得显示了中国海员的力量与文明。大家更清楚地知道，这一切都是在沈祖挺的全力组织、指挥甚至资助之下取得的。

1942年4月，加尔各答海员酝酿成立中国海员体育会，沈祖挺被选为会长。原来只有40余名会员的体育会到9月份，发展到200余人。

当上工会理事

沈祖挺凭借出色的组织能力及个人魅力，在加尔各答滞留的广大海员中的威望日益崇高。1942年8月，当地华侨自卫团的负责人谭锡昌和他的朋友黄志洁动员沈祖挺参加国民党，理由是他爱国，做事热心。

这是沈祖挺完全没有想到的。一直以来，沈祖挺都不懂得也不理会党派的事，从未想过要参加什么党派，多次拒绝谭和黄的动员。但谭和黄不厌其烦，苦口婆心地说项，在沈祖挺没有坚决拒绝的情况下，谭和黄便将其作为应承处理，代办了加入国民党的手续，还替他交了两个月的党费。党员证仍留在谭锡昌处，以后也一直未参加过党内的活动。

沈祖挺没有想到的是，仅过了3年，他又一次踏上了加尔各答的土地。所不同的是。这一次，他多了个二战英雄的光环，在原有威望上，更增加了他的美誉度，在海员中有了更高的声望。

当时在印度加尔各答有近5000名中国海员，他们有的已上船工作，有的在寻找工作，有的还在失业中。身在海外，生活没有保障，他们的彷徨可想而知。大多数都很希望有个工会组织关心他们，保护他们的生活和争取应有的权益，联系在国内的亲人。

1942年，重庆方面曾派人来，试图组织成立工会，不知何故，筹备了一年多，没有正式成立起来。这一次，重庆又派人来组建工会。巧的是，这次的来人中，有一位名叫江保廉的，和沈祖挺曾在海关共事。江知道沈祖挺在群众中有威望，如果由沈祖挺出面支持参与，将会事半功倍。于是他找到沈祖挺，希望沈帮助做这件事。沈祖挺闲着正愁无事可做，现在有机会为大家做事，便答应下来。

这次由于沈祖挺的出面，做了大量工作，工会1945年8月正式成立。江保廉任理事长，沈祖挺任理事兼海员福利总干事。这些头衔的取得，自然是因他个人的出色表现，热心为大家办事，及拥有极高声望而实至名归。本来这是一个群众组织，是大家选举的结果，没想到此事后来被重庆当局加持“任命”上述“职务”。并由杨虎署名签发任命状。

沈祖挺并不知道杨虎是何方神圣，有何身份，只知道他时任中华全国总工会主席。没想到在后来的“文化大革命”中，这张委任状成为他的罪证，竟为他后来的不幸埋下伏笔，因为杨虎此人当时还是国民党中统要人，虽曾为孙中山秘书，但在国民党内地位起伏不定。国民党退到台湾后他仍留在大陆，出任中央人民政府政务顾问，因对其自身地位心怀不满，曾向蒋介石及原日本外相重光葵发出密电，唆使其反攻大陆，查获被捕，成为中华人民共和国罪人。“文化大革命”主张怀疑一切，在失去正常思维罔顾当年历史现实的造反派及办案人员面前，发现与杨有哪怕一点关联，都难免受牵连。这张并无实质意义的委任状，却为沈祖挺带来杀身之祸，这是后话。

1947年7月，沈祖挺还在加尔各答中国轮机员公会，被选为第二任理事长。这段时间沈祖挺组织轮机人员交流工作经验，介绍工作，代办申请，换领职务证书等，颇受轮机人员的欢迎。原来只有几十人的轮机员公会，很快就发展到150多人。由于抗战胜利后，会员纷纷要回国，公会才办理了终歇。

第三章

苦难成长

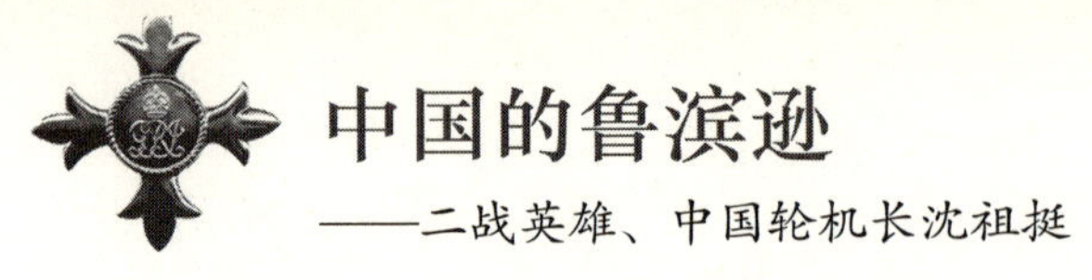

中国的鲁滨逊

——二战英雄、中国轮机长沈祖挺

整理者言：自古英雄出少年。被称为二战英雄的沈祖挺，他的少年时代是怎样的？在成为英雄之前，他有着怎样传奇的经历？沈祖挺生前并无多说，经过多方的采访，整理者还原了那一段苦难成长的岁月……

苦孩子

时光倒流到1905年，内忧外患的中国自鸦片战争以来的大半个世纪，清廷为了维持统治，对内忙于镇压各地的“闹事”，对外则割地赔款，签署不平等条约，社会日见衰败，愈加动荡不安。知识阶层纷纷结社建党，办报启蒙，社会下层则在动荡中流离。

这一年的10月7日，在上海一条破旧的贫民里弄，从浙江定海县南门外东港浦乡下，流离外出上海谋生的上海自来水厂机房加油工沈阿友家里，诞下了一个男婴。这是他的第二个孩子，第一个孩子还小，更小的又不请自来。虽然人丁兴旺，是喜事，也为这个家庭带来了一些生气，不过很快，作为一家之主沈阿友又重新阴霾上脸。他在合计，靠自己当加油工所挣的钱，养家已经很拮据了，现在又多了一张嘴，怎么办？

起名字不会讲究也没心情讲究：“就叫沈阿方吧。”

这个降生得不是时候的沈阿方，后来改名为沈祖挺。

可能这是他的宿命。在动荡的社会、贫困的家庭中降生的他，注定了一开始就要接受颠沛流离的童年和少年。

在9岁那年即1913年，沈祖挺才有机会与比他大几年的兄长一同进私塾读书。但好景不长，3年后因战事影响，读书一度被迫中断。1916年，母亲把他送回乡下，随祖母暂住以避战火。一直到1918年，才又将他们从乡下接回上海，再进私塾读书。因当时西学东渐，也可

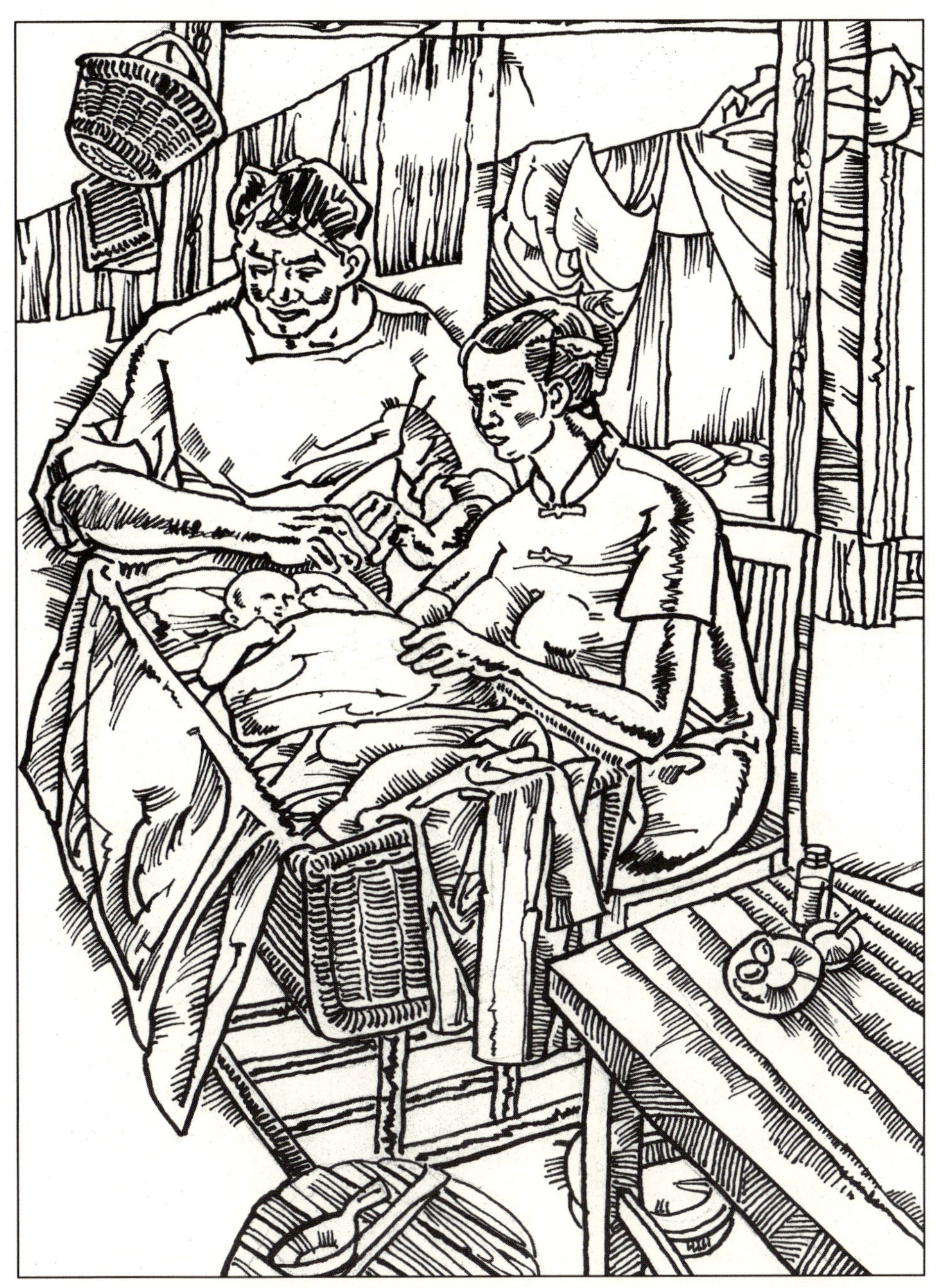

1905年10月7日，阿方降生了，他就是后来的沈祖挺 （插图：徐国华）

能是考虑以后的就业路子更宽广，在就读私塾之余，母亲还安排了沈祖挺学习英文课程3个月。还有一个原因是，他聪明好学，记忆力好。尤其是对语言，似乎有天生的敏感，大人说过什么话，他总是出人意料地在以后的一个场合里学着说出来，令人惊讶。

他的童年和少年，就是在辗转于上海和家乡浙江之间，断断续续的求学中度过的。

但是到了1920年，沈祖挺想继续求学也不可能了，因长期的劳累及缺乏营养，家中的顶梁柱——多病的父亲终于无力独自承担供养家庭之责，家庭经济陷入困境。小小年纪的沈祖挺终止学业出来工作，以挣钱帮补家计。那年他15岁。

一位王姓的邻居看到他们家的情况，将沈祖挺介绍到上海英商瑞镕机器造船厂当学徒机工。

沈祖挺所以选择做机工，是因为他信奉一句话：身有一技，天下无敌。他从前辈和比他年长的乡邻那里看到，那些有一技之长的人，总是比没有一技之长的人容易找到差事做。在20世纪初的时候，机器是新科技，机器的力量和神奇令沈祖挺向往，他就是有一种想探究机器秘密的欲望。也许就是这种欲望，使他选择了机工这一职业。

这个工作也不稳定，1922年转到鸿昌机器厂，后又转到英商培林蛋厂冷气机房管理冷气机，在两三年间，沈祖挺换了三家工厂。

1923年3月，沈祖挺进入上海德商汉运洋行机器部任机工。可能是看到他懂得一点外语，又肯学习钻研，该行的德国工程师对他颇有好感，传授了很多有关机器的知识给他，他的机工技术于是有了一个扎实的基础。

但是这家洋行给他的待遇并不高，而他又肩负着沉重的家庭经济责任。他想多挣一些钱，做了一年多，没有看到升职的机会，加上听人说到船上工作升职机会多，收入高，于是1924年，就辞了德商汉运

1923年3月，沈祖挺在上海经商汉运洋行当学徒　　（插图：徐国华　冯维益）

洋行的活计，上船当海员了。

其实在当年，江浙沪一带沿海地区青壮年，都有当海员的传统，并不是说他们愿意背井离乡，而是因为江浙沪一带临海，而且在船上工作，收入比在陆地上要高一些。沈祖挺当年8月进亚细亚火油公司，在扬北轮当三管轮。1925年4月，调湖光轮升二管轮，他的收入比以前高了，加上兄长打工也有收入，家庭经济也比前稍好。

但好景不长，当沈祖挺刚刚松了一口气时，又一个不幸的消息传来：兄长患上了人人谈之色变的疾病——肺病，这在当时可是不治之症！染病不久即撒手而去，沈家又少了一根支柱。兄长去世，沈家收入少了还不算，丢下无业在家当主妇的嫂子及六岁的侄子，也只能由沈祖挺抚养。如此一来，沈家整个家庭的经济担子，一下子都压在沈祖挺一人肩上。

即便家庭的经济状况是如此困难，母亲认为男大当婚女大当嫁。家庭再困难，儿子也不能不婚娶。1928年沈祖挺23岁，在当时也属于晚婚了，母亲已为儿子的婚事费了许多的心思。如今儿子一力承担着全家经济，母亲怕他为了家庭耽搁婚姻大事，一定要他结婚，不但为他找好了对象，还为了喜庆和面子，大事操办了婚礼。沈祖挺虽并不太愿意，但在那个年代，他只能顺从母意，匆忙办了婚事，还了母亲的心愿。但就因为这一次的婚礼，沈家欠下了一大堆的债。

以为结婚冲喜能为这个家庭带来好运，现实却并不如人愿。结婚既没有改善沈祖挺的处境，也没有给他的家庭带来稳定的生活，反而在以后的两三年内，他的家庭连续发生了重大变故。

结婚次年，即1929年，母亲病故；

又过了一年，1930年，妻子也因贫血病故去！

连失生命中最亲的人，接连的噩耗，对年轻的沈祖挺打击不可谓不大。虽然结婚并非自由恋爱，他又忙于上船工作，与妻子没有太多的相处时间，但毕竟是发妻，他失去了生命中最重要的女人。一时间，他觉得自己就像一个被抛弃的孤儿，举目无亲。如果说，哥哥离世抛下妻儿由他抚养，还可以承受的话，那么现在的他除了承受生活的压力，心里的悲苦却无处倾诉。这对沈祖挺来说，是更为痛苦的事。

此外沈祖挺还负了一身债，债主经常催还，他一时还没有能力还清，这对于沈祖挺这样本分的人，心理上是非常难受的。有时他会想，欠债与被欠债，他宁愿选择被欠。厄运总是带来厄运，这段时间沈祖挺的工作又不是很顺利。这一切使他陷入苦闷抑郁，看不到人生的希望，找不到排解的方法，也找不到人生的出路。没有父亲，没有母亲，没有妻子，没有兄弟，常常连工作也没有。他常常一人走在街头，对天仰望，但所能看到的只是没有边际的空阔；他也常常面对大海，呆望着永不停歇的浪波。他觉得黄浦江的浪波无休止地追逐，也是无聊的游戏，是毫无希望地重复着单调的律动，心境更是灰暗。他甚至想过纵身一跳一了百了。他无数次对着苍天暗自呼叫：

"上天啊，你为什么对我如此残忍？"

"前世我做错了什么，竟要如此惩罚我？"

振作

他开始抽烟酗酒，偶然还参与街头的赌博。

他以这样的生活方式麻醉自己。可每次将并不多的收入付之于酒或付之于夜店，酒醒歌罢之后，他的头脑愈加发胀，精神更为空虚。但他只能这样排解心中的郁闷，一天又一天。其实在他放荡不羁的时候，内心常常有另一个原来的沈祖挺在鄙视警告自己，他还常常在幻觉中，浮现已经离自己远去的父母兄长。每次梦见父母兄长，他们的目光时而微笑，时而流泪，时而失望，时而哀求。甚至在梦中，他会看见母亲温暖的眼睛，父亲微弯的背影。沈祖挺也常常想起，父母辛劳颠沛一生，从未享受过一天的幸福生活，却从无怨言，也从不会心灰意冷，而总是对未来充满希望，从未放弃过上稳定、平安、富足生活的梦想。父母常说的话也仍然时常回想在自己的耳畔：只要努力工作，就会有出路。在放肆和自责的矛盾中，沈祖挺过了 1 年多。

1932 年 2 月，他考取了上海海关的 Artificer（即轮机员），到“专条”巡逻缉私船任机舱轮机员。之所以选报海关，他的目的很简单：找一个金饭碗，争取早日还清家庭欠下的债务。也希望借助工作，找回积极的人生。

当时的中国海关完全在英国人掌管之下，从总税务司到各级部门、基层、执勤船舶的高级船员，均由英国人或其他国家人担任。他们的一套规章制度非常严格，目的是要把中国海关这个机构牢牢掌握在自己手里，以便他们充分地榨取中国的利益。所以，船上管得很严，不像其他航运公司的船员常夹带走私货物，也不许参与赌博。也许是因为工作岗位有严格的制度，也许是沈祖挺重新思考了自己的人生，又或许是他对船舶轮机有了更深的热爱，这段时间沈祖挺开始专心投入工作。

1933 年 4 月，“专条”巡逻缉私船调到厦门海关海防巡缉私，由于沈祖挺的工作积极，虚心善于学习，技术精湛，很快就升任正技工 (Chief Artificer，相当于大管轮)。一年半以后，即 1934 年约 9 月，沈祖挺即升任本船代轮机长 (Chief Artificer In-charge)。12 月“专条”调到香港九龙缉私。次年，即 1935 年，在弟弟祖武（也在青岛海关巡逻缉私船任正技工）未能提供帮助的情况下，沈祖挺独自还清家庭全部债务。

债务还清了，沈祖挺一下子轻松下来，感到了前所未有的舒坦。这是一个有良知的欠债人终于还清债务才有的感觉。不用还债，每月薪水一下子变得多了许多。每次发薪，看着腰包里的钱竟能全部属于自己支配，沈祖挺甚至有点不习惯。显然，这对于一个已经没有什么家庭负累，或者说已经没有什么亲人的沈祖挺来说，既有一定的吸引力，同时却又似乎并不觉得是什么事。钱现在对于他已经没有了以往那么多的用途，况且他常年在海上，可以用钱的时间并不多。从那时开始，沈祖挺好像变了一个人，再不每时每刻计算着钱，相反变得豪爽好客。他有意无意将每月工资都为了朋友同事而花费掉，甚至一文不留，还说这是“海员的性格”。

对于自己从事的船舶轮机专业，他却是一丝不苟地孜孜追求。可能有这方面的天分，加上努力勤奋，1937 年 7 月，沈祖挺考取了交通部乙种大管轮证书，并于 1940 年 9 月在重庆交通部换领到乙种轮机长证书。这意味着，他可以在国内所有的轮船担任轮机长。

沈祖挺是没有上过正式学校的学徒出身，没有文凭，靠的是多年的经验，靠的是勤奋努力，处处留心善于总结。特别是在海关缉私船及外国轮船工作期间，环境逼着他练就了严谨的作风，终于考取了一般人不容易考到的老牌航海大国——英国的轮机长证书，并在 1943 年，30 多岁就当上了英国商船的轮机长。这在当时乃至今日都是罕见的。

结婚

这是沈祖挺较顺利的时期，工作相对稳定，事业也步步向前。而在个人生活方面，屈指一算，妻子也逝去十年。这些年来他独身一人，潜心于工作，倒是大家不断提醒他应该成家，不能再在过去的阴影中过日子，要有勇气重新开始迎接新的未来。在各方的动员下及自己的思考之下，他自己也觉得应该有一个家了，于是才开始考虑成立家室。

1940 年 2 月，经友人介绍，他和在香港出生、原籍潮州的 24 岁女子蔡丽文在香港结婚。

沈祖挺又有了家庭，如果说上一次在 20 多岁时的结婚，更多的是考虑满足母亲的意愿，这次结婚则他是自主选择。这时他已是 35 岁的成年人，已经历了许多的风雨，自然更珍视家庭，更懂得如何担当。他很爱护比他年轻 11 岁的妻子，虽然妻子并不那么了解他的工作。

这段时间的沈祖挺工作更认真了，他决心在外做一个好海员，努力挣钱养家糊口，生儿育女，在家做一个好丈夫。虽然他知道，自己常年在海上漂泊，习惯了过船上的集体生活，在家时间长了还有点不适应，妻子喜欢的粤剧自己并不懂也不喜欢。但作为一家之主，作为一个闯海的男儿，这些都不算什么。他想好了，要做一个出色的海员，要争取做一名优秀的轮机长，这是作为一家之主安身立命的基本：既然人不能时常在家，不能更多地承担家务，那就多挣一点给家人，让他们过上安稳无忧的生活。至于不同的爱好，则给予对方一个充分的空间，只要她高兴就行，然后自己再迁就一下就是了。以后的日子他们夫妻相处，就是按照这样的原则处理的。

继续颠沛流离

然而他的这个最简单也是最基本的愿望，在那个年代竟也是一种奢侈。动荡的社会再一次打破了他的梦想。

结婚次年，他的大儿子沈全义在香港出生，这一年是 1941 年。

1941 年，在世界历史上是一个重要的年份，12 月 7 日，日本偷袭美国夏威夷珍珠港。疯狂的日军由此加快了侵占东南亚的步伐。偷袭珍珠港后不到一个月，日军出兵占领香港。当时在香港的沈祖挺家人——他的妻子和不到一岁的儿子，与所有香港人一样，陷入了惊恐与动荡之中。许多香港居民纷纷逃离香港，到粤北、澳门避难。小小的澳门一时间出现了严重的难民潮。

当时沈祖挺还在海关工作，为了保护出生不久的儿子及年轻未经历过动荡生活的妻子，沈祖挺决定让妻儿跟随澳门拱北海关组织的职

1941 年，由于战乱，沈祖挺不得不送妻儿去内地避难　　　　（插图：徐国华）

工家属，遣送入内地避难。他选择了经广州湾（湛江）、广西、贵州到重庆的逃亡路线。

这是一段坎坷不堪的逃亡日子。蔡丽文带着未满周岁的沈全义，水陆兼程，颠沛流离至内地重庆，最后在重庆海关照顾下住下来。孤儿寡母，独在异乡。

其时，新为人父的沈祖挺为了生计，不得不带着牵挂离开海关，在内孖治洋行的轮船上任职。该轮于1942年1月抵达印度。因沈祖挺所在轮船的外国船长，要公司安排他的朋友当轮机长，沈祖挺轮机长被安排下船，为此，公司补给沈祖挺一年的工资，让他在家休息。利用这个机会，沈祖挺安排蔡丽文母子俩辗转从重庆飞到印度加尔各答相聚，他们一家在加尔各答一住就是四年。1946年3月，沈全义和母亲先行回到上海。4月，正在船上服务的沈祖挺与家人在上海会合。

这时世界反法西斯战争已取得胜利。虽然国家经过多年的战争，满目疮痍，百废待兴，但人们的热情饱满，对未来充满希望。这段时间的沈祖挺干劲十足，1947年至1949年，沈祖挺在跑上海、天津、台湾航线的船舶上当轮机长，直至1949年初全家搬到香港。

1950年7月，沈祖挺在华润公司的下属企业华夏公司任总轮机长，1951年8月中，沈祖挺接受宣传，响应号召，反思自己身上从旧社会带过来的，不适宜新社会的旧思想，主动要求到南京参加海员训练班的学习，3个月后分配到广州海运局，在机务科任船队工程师。

由于沈祖挺已回到大陆工作，加上大儿子沈全义已到了入学年龄，1952年他安排妻儿3人从香港回到广州读书。这段颠沛流离的生活才告一段落，过上了安稳的日子。

在激烈的社会动荡时期，沈祖挺被社会的潮流推动着。他没有停下脚步，更没有忘却方向。他真诚相信并积极靠拢进步力量，没有保留，全副心思地投入新生活。

第四章

追求光明

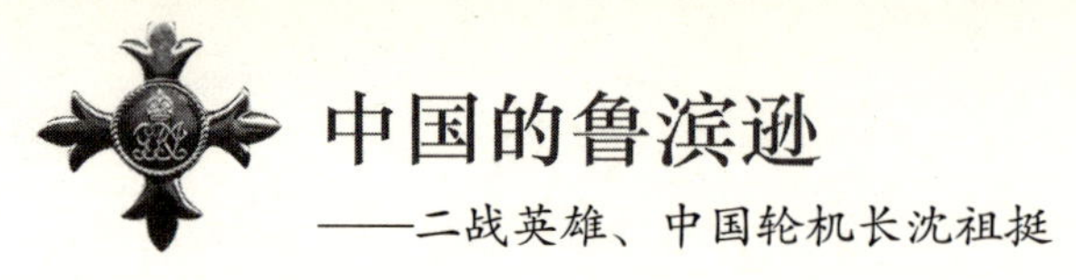

中国的鲁滨逊

——二战英雄、中国轮机长沈祖挺

整理者言：在香港，面对国共两党内战，中国的前途和命运到了又一个转折点。目睹了香港各派政治力量明里暗里的较量，他在内心也正作着抉择，沈祖挺想要什么？在这不寻常的历史时期，卓东明是目击者、参与者、见证者……

人生的选择

经历过人生的起起伏伏，受过战火的洗礼，航迹遍及世界的沈祖挺，在精力最充沛、技术最成熟的时候，亲眼看见了抗战胜利。1946年9月他从印度回来，在上海大北航业公司、南丰公司和中国航运公司的船上当轮机长。国内当时内战正酣，看到国民党的腐败和解放军节节胜利，看到上海的混乱，船舶被强迫装运军队去台湾，他辞职带着妻儿去香港，等候全国解放。面对国共两党内战，中国的前途和命运到了又一个转折点。目睹了香港的各派政治力量明里暗里作着较量，他在内心也正作着抉择，他知道自己要什么。

事实上，在解放前夕的香港，沈祖挺作为有影响的航运界专业人士、二战英雄，其一言一行具有很大的感召力。他的政治取向十分重要也十分鲜明：他要追求的是社会的公平正义；他做人的原则也十分坚定：他要挺起脊梁做人，活得正直，更要有尊严。他绝不能忍受社会的腐败、谎言和欺骗。朦胧之中，他期望一个新的中国、强大的中国、文明的中国。他对生他养他的香江、长江有着天然的感情，对家乡的亲人、乡里有着割舍不了的血脉之缘。

全国解放初期的1950年6月，刘双恩（刘一平，地下党员，时任华夏公司总船长，1937年和沈祖挺在海关船上共事）鉴于沈祖挺在二战的表现，非常希望他能进入自己的公司，为新中国的航运恢复和建设工作，并向沈祖挺明言，希望他出任该公司总轮机长这一要职。刘作为沈祖挺十多年的老朋友、老同事，对他很信任，也适时地向他灌输一些新思想。最后正式向他透露，华夏公司成立于1948年秋，是解放战争中支前物资海上运输的海运船队，也是中国共产党在香港组建的第一支船队。

其实，在与刘双恩交谈中，他还得知他的另一位上海海关老同事方枕流船长，已于1949年底在刘的策划领导下，率先宣布“海辽”轮起义，经历困境和斗争，将船开回新中国的大连港。此事成为震撼全球的事件，毛泽东主席为此亲发贺电给方枕流船长，表扬他的正义行为，号召在海外的中国海员驾船起义。这件事让沈祖挺感到十分兴奋，觉得昔日早晚见面十分熟悉的身边人，竟有如此壮举，感触不少，更深受鼓舞，深为骄傲。

可以说，刘双恩对沈祖挺的影响是很大很直接的。善于做引导工作的刘双恩一直在观察沈祖挺的思想和工作，觉得他为人正直，技术过硬，工作态度积极，是新社会的依靠力量，便进一步向沈祖挺做工作，说新中国刚建立，需要大批船舶技术人才，为振兴国家服务。这是一项全新的事业。但经过八年的抗战和三年内战，国力衰败，国民经济还处于困难时期，新政权比较贫困，华夏公司只能采用低薪制，并申明其薪金不及香港其他公司的一半，问他是否愿意加盟时，沈祖挺毫不犹豫地表示愿意加入。故从1950年6月起，他便进入了华夏公司。

沈祖挺接受了刘双恩给他安排一个职务高但待遇并不优厚的差事——总轮机长。但他没有怨言，也从未因此自傲，而是保持了技术骨干的草根本色，时时与一般船员打成一片，处处以一个普通职工要求自己。

1950年1月15日香港招商局暨14艘海轮，在共产党地下组织领导下宣布起义。参与策划起义的领导人之一苏世德，就在华夏公司挂名总经理。香港招商局起义后，保护船舶的安全，策动、组织船舶和船员回大陆的任务非常繁重，国共两党的斗争非常尖锐。沈祖挺在刘双恩的安排下，常到招商局的起义船舶中了解情况，传递消息，做了大量的工作。这时的沈祖挺觉得，自己所做的每一件工作有了新的意义。他常拿现在和以前跑船只知道赚钱对比，觉得那时当海员辛苦一辈子都是为了个人，太渺小了。现在有了理想和追求，精神充实多了。他也曾把这种想法告诉老资格一点的中共党员，得到了他们的鼓励，说他的觉悟提高了。为此，沈祖挺内心高兴了很久。

1969 年在英德“五七”干校时，方枕流知道沈祖挺也是重点审查对象时，曾对卓东明谈过：他十分了解沈祖挺在香港华夏公司的表现，并说如果需要，他愿意为沈祖挺在香港招商局参加起义后，被派去帮助起义船舶所做的大量有益工作的事实写证明材料，详细说明沈祖挺当时的情况，证明沈祖挺绝非为国民党做事，更非国民党中统的特务。可惜的是，当时方枕流也在被审查批判之列，自身难保，更没有人把他的话当回事。不过作为一个自身难保身陷囹圄的人，仍愿意为沈祖挺做证人一事，可见沈祖挺历史之清白。也说明他的为人处事积极坦荡，被各方认可，这是后话。

为中波海运公司的创建出力

1951年5月，我国首家与波兰民主共和国合营的中波海运公司成立，需要从华夏公司抽出 3 艘船作为组建中波海运公司的中方投资，并需要在香港招募政治条件过硬、技术业务水平高的高级海员。沈祖挺受华夏公司的委托办理此事，很快挑选了船舶，并在香港航运界通过一些信得过的朋友介绍物色，找到一批可解急需的、靠得住、水平高的船员。关于这一段鲜为人知的历史，一位已 96 岁（2015 年 11 月去世），曾在中波海运公司和广州远洋公司船上工作了一辈子的老轮机长曹贤鹏，在他 2013 年出版的《航海一生》一书中，有这样的记录：

1951年初，我（注：曹贤鹏时为远洋船舶大管轮）到香港找工作，探听到可大航运公司总经理还是邬德林。因为以前就认识，邬德林总经理很了解我，见面时我提出想找条船做做，邬见到我很高兴，就说："你暂时先到我公司'霸士'轮任大管轮，我将到英国买船，如新船买来后，通知你到该轮当轮机长，并带一批船员来接船。"

"霸士"轮当时在香港太古船厂修理。两个星期后，香港华夏公司（时属我国外贸部的中资公司）的"慕狄娜"轮到香港，该轮的轮机长曹阿堂是我的堂伯父。他知道我在香港可大公司的"霸士"轮上，即叫我去见面。在闲聊中，他对我说：'我船上冷藏库的冷冻温度只能到4摄氏度，很不正常，你帮助看看。'当时，华夏公司的沈祖挺总轮机长（后回到广州海运局，并筹建广州造船厂，参加远洋筹建）也在，我们三人立即一起到冷藏库去察看。我发现冷藏系统膨胀阀的恒温包位置不对，即提出此恒温包应放管子的末端，因为膨胀阀开度大小是由恒温包来控制的。我当即将这只恒温包移到管子的末端，一会这段管子结霜了，冷冻系统的温度也就降了下来。沈总轮机长看了我的操作，觉得很满意（其实他是代表华夏公司，为正在筹建的，与波兰合营的中波海运公司物色船员），对我堂伯父说，你侄子很能干，就让他到这条船上来任大管轮吧。这正合我堂伯父的心意，然而我为难了，考虑到可大航运公司邬总经理与我有约在先，我并不想过来。经堂伯父和沈总轮机长的多次劝说，我最终还是离开了"霸士"轮到"慕狄娜"轮。该轮开往大连，满载花生米后，开到英国，卸完货后，经德国基尔运河到波兰。当时，华夏公司已有两条船在波兰，与波兰方三条船合起来共有六条船，1951年11月1日，中方和波方合营成立了中波轮船公司。合营后"慕狄娜"轮改名为"希望"轮，另外两条是"布切克"轮和"兄弟"轮。此后几年，我就在这三条船上轮流当大管轮。（编者注：这三条船就是中波海运公司成立时，我国投入的第一批船舶。）

进了中波海运公司，我才知道这家公司是我国政府和波兰人民共和国合营的远洋航运公司，是为建立我国自营远洋运输船队作准备。我这时才明白了很多道理，知道自己的工作和国家建设的关系，因此更严格要求自己把各项工作做得更好。我非常感谢堂伯父曹阿堂和沈祖挺总轮机长给我指引的道路。

新中国成立后，我先后在中波公司和广州远洋公司得过10多次奖励，其中1次为全国交通战线劳动模范（1980年），6次为中远系统劳动模范、先进生产者、五好职工、全船标兵，4次为中波海运公司的社会主义建设积极分子、先进生产者，并于1981年被国务院科技干部局首批授予高级工程师称号。

从这位老先生的回忆中可知，当时的中波公司是在西方国家对新中国成立初期实行封锁的情况下，中波两国为打破封锁而创建的合营航运公司，是建立我国自营远洋船队的前奏。沈祖挺在这件事上积极参与，并运用其在行业中人脉广、人缘好、威望高的优势，做出了具体而重要的贡献。

积极要求回国参加学习

1951年中，从香港招商局起义的12艘船舶陆续驶回广州，按照新政权的安排，船员500余人由交通部分3批，参加在南京的海员训练班。（训练班后改名为南京远洋船员学校，现在是南京海运学校），每批进行为期3个月的轮训。轮训的主要内容是，提高船员的政治思想觉悟，交代历史问题，划清敌我界线，树立革命人生观。训练班结束后，人员分别安排到中波海运公司、上海海运局、广州海运局等单位工作，其中绝大部分都安排上船。

沈祖挺参与海轮修造厂建设工作　　（插图：徐国华）

沈祖挺当时在香港华夏公司，听到起义船员被安排到南京海训班学习这个消息。他向公司要求，也参加了第二期训练班。他在训练班里是位积极分子，带头交代自己在旧社会参加的各种“反动”组织和不符合新社会的行为，写了近20页的自传。按他后来说，他是做到“脱裤子，割尾巴”了。

积极参与广州海轮修造厂的建设工作

1951年在香港招商局起义的13艘海轮，除“永灏”轮被港英政府征用外，陆续驶回广州。经过一段时间的调整安排，开始在华南沿海航行运营。停顿了近3年的南海航运得到恢复，日渐繁忙起来。交通部华南区海运管理局（广州海运局前身）急需大批航运业务技术管理干部，经过北京有关部门的协调，从香港招商局以及原来在香港的地下航运机构，调回一批业务技术骨干。其中有从华润公司（1940年代建立，由党中央直接领导的贸易公司）系统的骨干，如运通船务公司总经理宋石、香港招商局经理汤传篪、华夏公司总轮机长沈祖挺等。他们分别在1952年底到1953年调到广州海运局。由于十多艘船舶开动后，船舶急需维修保养基地，建立修船厂也就成为迫在眉睫的事情，被提上了议事日程。这时沈祖挺刚刚在南京参加完学习班，鉴于他有着管理维修机器及船上轮机管理的双料丰富经验，1953年12月，沈祖挺被安排筹建交通部广州船舶修造厂，负责选址及担任总工程师。

据1952年从上海吴淞商船专科学校毕业，在东北航运部门实习期满，分配到广州海运局的轮机专业大学生刘仲安（1956年是海运局英雄船“南海163”轮的轮机长，曾被派陪同沈祖挺进行建修船厂的选址工作）回忆：

当时（1953年）广州海运局刚刚建立，机务处有三位资历老的轮机长，其中沈祖挺在中外船舶做过轮机长，在国外轮船公司任过总管、总轮机长，有丰富的船舶机务管理、修理经验，是极有经验的资深工程师，还有很高的外语水平，活动能力很强。沈老轨对后辈热情关怀，没有架子，我们都喜欢跟他在一起。他经常带领我们上船，下厂检查工作，不仅在技术上讲解、指点，还适时地剖析一些严肃的做人道理。记得当时，技术管理部门要求船上轮机员们盘点主、副机备件清单。在一些外国进口的船舶备件箱内，大都有一份新船出厂时带来的备件名单，只要照单清点，就可以知道消耗备件的数量。可是对于经验出身的轮机员却是一个难题，因为他们不熟悉英文。沈老轨在带我们上船前，就吩咐我们要热情帮助那些不熟悉外文的轮机员们，解决了他们困难的同时，也结交了新的朋友。要注意的是，切忌流露骄傲的情绪或轻视他们的态度，否则工作效果被抵消，可能朋友也交不到。这就是沈老轨独特的做人道理。我还清楚地记得：沈老轨在生活上有一个很好的习惯。他和许多人一起外出去搭车、接船、吃饭等，如果是出差，费用可以报销，他不会同我们争着付钱。他说：“每个人做一份工作，都有一份薪水可以支付自己的费用。”他也不计较必定在高档的地方消费。在广州海运局附近有一家沙面唯一的西餐馆叫“经济办馆”。中午，经济能力好一点点的人，都喜欢到那里花三元五角吃一份焗猪排饭和饮一杯咖啡。沈老轨有的时候也去，但更多时候是同我们一起去西桥清平路大排档，花一元两角吃一份煲仔饭，同时也借谈工作的机会请一些同事去吃。他从不认为这是不体面的事。

曾有时候我与沈老轨闲谈，向他表示希望上船，去当海员以取得实际的工作经验。他告诉我当海员也很好，除了取得工作经验外，还有较为优厚的薪酬，但必须要有充分的思想准备，否则很难坚持。我问他是什么样的思想准备？他说现在是新中国，我们工作应该服从国家的需要，个人的愿望和兴趣必须与国家的需要相结合。要知道海员的生活是非常孤独的，长期远离家庭，既不能享受家庭的生活，又不能对家庭有所照顾，没有充分的思想准备，很难坚持。对一般人来说，要锻炼海上工作的实际经验，有七、八年时间已经足够，余下的时间必须继续不断地进修专业理论，学习外语以取得更高的工作资格。不然的话，到了一定程度，就很难向上进步。我记得这些想法就是沈老轨自己当海员的体会，他的忠告在以后几十年，对我的思想起着极大的影响。

1965年我因工作变动，调往国外工作，与沈老轨竟无缘再见一面。我与他相处时间虽然不长，但感到得益匪浅，他是我的良师益友。

刘仲安还告诉本书作者，在1950年代初随沈祖挺在广州海运局工作期间，有一天，沈祖挺让刘仲安来到了广州珠江南岸石涌口，那里聚集了广州当时几家仅有的规模不大的修船企业。其中一家以修理船舶机器为主的，名为“广和兴机器厂”的小型修船厂，曾承担过海运局船舶的小修工程，但厂区内没有船舶泊位，更没有固定的码头。在离石涌口不远的芳村白鹤洞，则有一家名为“广南船坞”的修船企业，这在当时算是较有规模的修船企业，拥有30米长的土坞一座，附近岸线可停靠2000吨左右海轮一艘。虽然广南除了一座土坞以外，并无像样的车间，但纵观横穿广州的珠江沿线，经过现场调查和分析，沈祖挺他们认为，这里已经是广州最好的修船厂选址了，最后决定就在这里建厂。不过沈祖挺的思路并未被这个环境局限，他在心中想好了初步规划：将船坞扩大，岸线延长，建立船体、轮机、电器车间。当然，要在资金及人力所及的时候。

当时的条件很艰苦，直到1954年，厂区连间像样的办公室都没有，所谓的车间其实就是简易的草棚。当时船厂的创建者们有一个口号：边修船、边建厂。他们一边选址建厂，搭建临时车间，另一边已经开始了船舶修理工作，唯独不讲生活条件。如有要商量决策事情和修船生产的问题，在现场解决；讨论未来规划等长远发展的问题，则是在太平南路（现人民南路）新华酒店旁边，廉价租下的一间小房子的二楼办公室里研究确定。

据从东北商船专科学校轮机系毕业，1954 年分配到白鹤洞广州船舶修造厂工作的技术员赵骥（若干年后任该厂的副总工程师）介绍：他们到广州后，在沈祖挺这位船舶修理经验丰富的技术领导带领下，建厂和修船业务同时进行，并取得很好的成绩。更重要的是，从此广州有了一家具有百米船坞和相应的修船车间的工厂，这对广州市乃至整个广东省来说，都是一件大事。因为这意味着，广东有了自己的修理基地。就是在这里，后来曾制造了国产的名噪一时的“辽阳”号万吨巨轮，该轮还创下由一名女性出任轮机长的中国航海史上的先例。现在，这个地方正是闻名全国的上市公司“广船国际”所在地。

劳动者本色

长期没有什么生气的白鹤洞突然热闹起来。这是沈祖挺他们一群修船者在“边修船、边建厂”的热情之下，夜以继日活跃在珠江边简易工棚和靠在码头的船上干活的喧声。

从香港起义回国的船舶都是些旧船，航行几年进入了常规维修。对于广州来说，这不是简单的事情。旧广州工商业发达，但制造业包括船舶维修业却并不发达。现在一下子要担当起修大船的任务，设备、技术、工人等等均十分薄弱，困难不少，需要有强有力的技术领头人支撑。沈祖挺出色地承担了这个角色。

1955 年，27 岁进厂当钳工的冯志师傅，曾在沈祖挺亲自带领下工作过，到现在回想起来都十分感慨。他最深的感觉是：沈老轨是那么

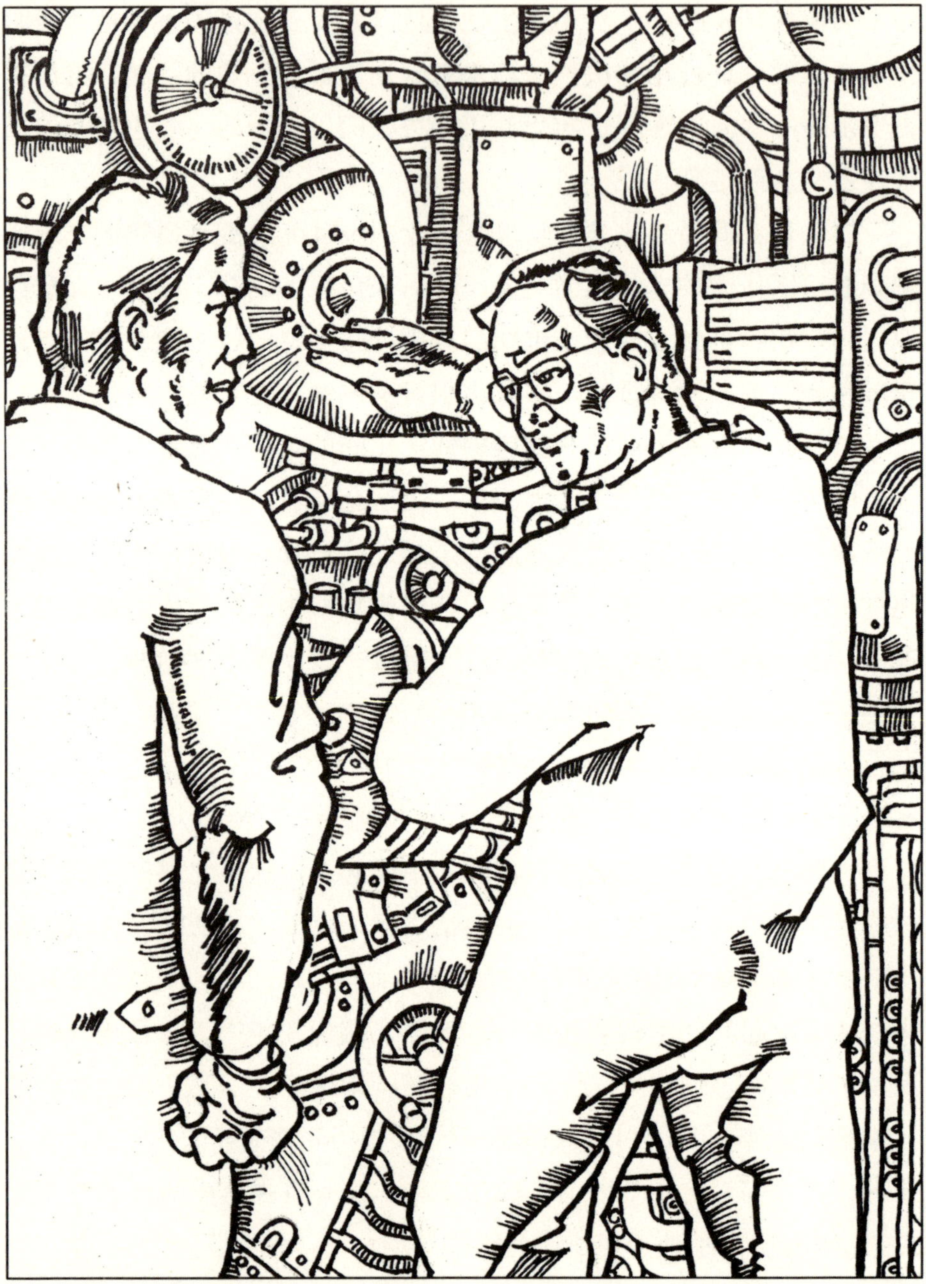

沈老轨深入一线，亲自指导工人修船　　（插图：徐国华　冯维益）

一个名声在外、技术一流的总轮机长、工程师，对我们这些刚刚入行、没有什么文化、技术才刚刚入门的低级工人，完全没有歧视，反而十分尊重。他体谅并热心指导我们，他平易近人，技术过硬，敢于负责，终生难忘。

“我们都称他为沈老轨。”现年已 87 岁的冯志带着尊敬，这样展开他的回忆。

称沈祖挺为沈老轨，在广州修船厂并不平常。因为广东船厂对技术前辈，一般只称师傅，没有称老轨的。广东地区称轮机长为大车，“老轨”这一特殊的称呼，是江浙人对德高望重的资深轮机长的尊称。因为沈祖挺是国内外知名的轮机长，又是江浙人。广州的工人师傅沿用沈祖挺家乡的称呼，是只属于他一个人的尊称，表明广东工人对沈祖挺的尊重和亲切态度。沈祖挺也非常高兴别人这样叫他，不是因为这样称呼表示了尊重，而是他喜欢人们未忘记他是一位轮机长。这一直是沈祖挺内心最感神圣、最引以为傲、终生不悔的职业与称号。

1956 年，船厂首次接到一艘锚泊在黄埔港的外轮进行航次修理的任务，冯志与工人们登上了这艘外轮。这是该厂工人第一次与外国船和外籍船员打交道。开工后，冯志他们发现，该船的英籍船员对我们工人的工作、休息诸多限制和歧视，态度不友好，动不动就骂人，加上语言不通，彼此沟通不了，工人们都不敢干不敢说，维修工作自然难于正常进行。工人们觉得，外国船员瞧不起中国工人，认为我们什么都不懂。

沈老轨知道这事后，对冯志他们说：“外国人也是人，也是两只手两条腿，不会比我们多，怕他干啥？你们跟我来。”

他把我们带去见英国主管，只听到他用熟练的英语跟那位英国主管说了一通。

沈祖挺在说话间，英国主管一边听一边点头，表情也明显放了下

沈老轨用高超的专业知识和流利的英语与英国主管沟通，为国人增长了士气

（插图：徐国华　冯维益）

来，甚至还有点尴尬，最后向我们赔笑。我们知道肯定是英国主管估计不到沈祖挺可以用如此流利的英语说话，还如此熟悉船舶的技术。沈老轨肯定也指出了他们不配合施工和过多的干预，态度不好，使该主管无言以对，自知理亏。讲完之后，沈老轨转过头来向我们说："你们干你们的，他们保证不再干预。"

目睹这一幕，我们这一群工人简直对沈老轨佩服得五体投地，他不但技术高超，有胆识，还能说一口流利的英语，长了我们中国人的志气。自从沈老轨说了这一番话，该轮的维修顺利多了。更重要的是，这使我们在修理外轮的时候自信淡定多了。

还有一次，海运局的"龙门"轮在船厂进坞维修，要拆车叶（螺旋桨），由于好几年未动过，用液压工具和撞击工具都无法拆下。冯志提出可否用加热的办法试试，该提议即刻就被大家"顶"回来。反对者问："车叶变形怎么办？"

冯志那时只是个普通工人，从未做过这样的工程，确实是没有什么把握。于是不敢再提。但是辛辛苦苦弄了一天，车叶还是死死粘在尾轴上，大家均一筹莫展。

这时沈老轨刚好来到现场，见此状况，问大家还有什么办法，没人吱声。冯志于是又把加热的意见提出来。沈祖挺听了二话不说，立即表态认为可以试行，叫我们就这样做。

有人提出怎么加热的问题，冯志说："用喷灯烧，可以吗？"因为冯志知道喷灯所加的温度不会太高。但是大家还是担心车叶会变形。正当大家拿不定主意时，沈老轨说了："我看可以，干吧！"为了使大家更安心去干，还说了一句很有力量与担当的话：

"假如加温使车叶变形，问题是我的；假如不变形，功劳是大家的！"

于是我们没有顾虑地边用喷灯烧边用大锤敲，不久车叶就拆下来了。冯志说，维修广州海运局的"南海 180"轮这艘大型登陆艇时，工程需要拆开舵轴的扇形齿轮，也遇到同样问题。有人提出用50吨油压泵将其压拉出来，冯志觉得这样很可能会损坏舵轴，还是提出用“火攻”，即用喷灯加热再进行松脱，这次工友们干脆让冯志靠边站。拆了半天，舵轴扇形齿轮仍然丝毫未动。沈老轨来到施工现场，看了工程进展情况，见大家一筹莫展，问：“为什么不动手？”坐在远处的冯志说：“他们不相信我，不要我干。”他问冯志的意见，冯志仍然提出用喷灯加热。有人提出，齿轮拆坏怎么办，沈祖挺还是说：“就按他（指冯志）的办法做，拆坏了我负责。”结果也顺利拆下来了。事后，沈老轨问冯志：“你为什么不早提出？”冯志说：“我只是个年轻的小钳工，提出来后，都不同意，我就不敢说了。”但沈老轨语重心长地说了一句：“技术上的事只要有把握就要坚持，不能少数服从多数。”这句话让冯志记牢了一辈子。

冯志说，当时不仅仅是因为自己的主意被采纳而高兴，更是被沈祖挺处理技术问题时不看资历，只看意见是否有建设性和果断担当，朴实无框框的技术管理作风所感动，甚至影响了他的一生。

补充一句，冯志于20世纪80年代退休，曾是“文革”期间广船革委会委员，办事组副组长，退休前被广船授予终身厂长荣誉称号，现仍健在。

这段时间的沈祖挺服从组织安排，无怨无悔放下他最热爱的轮机长岗位，放弃了比新岗位高数倍的收入，选择艰苦低收入的工作。他与工人们打成一片，同甘共苦，身体力行。尤其是他对工人的人格尊重和体谅，悉心帮助，感情深厚，至今还深深地印在人们心中。而筹建阶段上层的领导、大学毕业生对他的平易近人作风和特别是经验、专业能力也从心里由衷佩服。这是对他的经历、能力、作风、人格的肯定。

调到中波海运公司为我国自营远洋航运事业建立作准备

1951年1月交通部与波兰航运部正式签署了建立中波轮船股份公

司的协议，6 月宣布中波海运公司正式成立，这是新中国冲破西方国家封锁的开始。1957 年，第一个五年计划即将完成，外贸进出口急剧增长，建立我国自己的远洋航运事业已提上议事日程。交通部于次年正式成立远洋运输局，设立了有关业务和技术部门，并抽调、培训干部。

沈祖挺当时参与组建的广州船舶修造厂已初步建成，并将移交给地方管理。就在此时，远洋运输局将他和一批海员调到中波海运公司工作，以便熟悉远洋的技术业务，为我国远洋事业的开辟作准备。这批海员中的轮机员和轮机长，同样面临着从沿海和长江船舶到远洋船舶工作的转换，以及从干蒸汽机船舶到干内燃机船舶技术转型的更新学习。由于从 20 世纪 40 年代至 50 年代初，江、海船舶几乎全部使用蒸汽机。这个技术转型对于学校出身的轮机员比较容易，但是对于大多数非科班出身的轮机员来说，却是很难过得去的“关”，有的甚至因此被淘汰。沈祖挺所面对的也是同样的问题，因此，他首先要求到一艘中速大型柴油主机船——“华沙”轮当轮机长，后来被调到一艘老式低速柴油机船上工作。

据一位当时与沈祖挺共事的徐以介[①]二管轮介绍，1958 年 4 月，他所在的中波海运公司的“米克拉瑞”轮是 1920 年建造的第一代以柴油机为动力的远洋货轮，可以说是艘古董船舶。该轮技术性能较差，在途经苏伊士运河时，主机屡次出现故障，被运河当局列入“黑名单”，排列在过河船队末尾，故波兰籍船员均不愿到该船工作。无奈之下，公司决定把素质较高的“华沙”轮中国船员在波兰格丹尼亚港和该船互换。当年的国内轮机人员，很少在大型柴油机船上工作过，既无经

---

① 徐以介在 20 世纪 70 年代是捷克国际航运公司，上海远洋运输公司出色的船舶轮机长，后任上海远洋运输公司集装箱船队指导轮机长，现已 85 岁，仍热心为老朋友、老同事及老校友办些力所能及的事。他说他之所获得的这些成就，和与沈祖挺共事，学习沈祖挺为人做事的品德与风格不无关系。

验又无实践。沈祖挺到该轮任轮机长后，团结群众，互帮互学，耐心指导大家工作。他敢于担当，敢于负责的精神，鼓励大家从实践中不断去提高知识水平和工作能力，领导轮机部人员加强自修，消除设备故障的隐患。“米克拉瑞”这艘旧船，经过沈老轨和他带领这一批年轻的轮机部船员的努力，终于取得了很好的成绩。徐以介是20世纪50年代初入读上海吴淞商船专科学校（后改名上海航务学院，1953年搬到大连，与其他两校合并为大连海运学院）轮机系的高才生，毕业后在中波海运公司的轮船工作，是位出色的轮机员。但他对沈祖挺的为人处事敬佩不已。

他说，沈祖挺从不炫耀自己，也不盛气凌人，对老对少都极易相处。一般在船上由于工作关系，甲板和轮机两个部门经常发生矛盾，但他和当时的年轻大副鲍浩贤（后为全国劳模）却相处得很好，平时没大没小开个小玩笑，工作关系非常融洽。他喜欢下象棋，空闲时就找水手或机匠下棋，不但要悔棋而且常输棋，但棋风很好，从不发火。他具有真正的老海员风范，为人正直豪爽，胸襟坦荡，对下属关心爱护。天热的时候，不论航行或停泊检修，他经常叫服务员把自己房内整箱冰啤酒放到餐厅，让大家消暑。在港口的海员俱乐部吃饭，都是他请客买单，在待人方面从不吝啬。

徐以介说，沈祖挺还有个优点，就是真实、不虚伪，不会不懂装懂，在工作中能虚心听取别人意见。他原来也是蒸汽机船出身，柴油机对他而言是个新机种，工作就是个学习过程，但他从不耻于请教别人。虽然在国外多年，英文沟通无碍，但有时读懂英文技术说明书还是有些困难。他不因为自己是资深轮机长，而对请教别人有所顾忌，也不会为了面子而对不清楚的事瞎指挥，是个讲事实、富有有责任心的轮机长。1959年，我又有幸在中波公司的“弗尔娜斯卡”轮上与他共事。他对海员这份工作的热忱，尽职尽责、实事求是、认真负责的态度，待人豪爽，热情的品格和海员的风度，给我们留下了深刻印象，是我们一生学习的好榜样。

为“光华”轮作为远洋首航船舶航行国外立了大功

为建立新中国的远洋运输事业，1958 年 8 月，中央政府决定选择广州这个得天独厚的地方，作为开辟我国远洋航线的基地。交通部成立了专门的机构——远洋运输局，并在广州成立远洋运输局驻广州办事处，从广州海运局、外轮代理公司抽调了 27 名干部到办事处，负责筹备开辟运输航线的工作。

筹建远洋广州公司的工作在紧张进行期间，1959 年，发生了一件令中国政府和世界人民都十分震惊与揪心的国际事件：印尼突然发生大规模排华事件。

面对这一突如其来的事件，中央决定立即派船接运难侨回国。国家侨委紧急布置从东南亚、香港侨商、华商及向苏联租用船舶接侨。

1961 年 4 月新中国的第一艘远洋船舶“光华”轮

一时间租船达十余艘，远洋运输局驻广州办事处承担了租用船队的管理和调度。

由于所租船只来自多个船东，费用高且管理困难，远洋局遂建议，从接侨费用中拿出一部分，购买两艘旧客船代替租船。因为经过一段时间的租船实践分析，大家觉得，买二手旧船，可以更快完成接侨任务，而且购船及维修等方面的费用也能控制得好，节省十分紧张的经费。

当时这种做法也是环境所逼。1960 年代初，我国的经济建设遇到严重困难，外汇短缺。为执行这一构想，远洋运输局特安排外派的资深技术人员，在国际市场寻找既便宜又合用的客船。经过综合各方资讯，横向纵向比较，最终将目标锁定在一艘具有 30 年船龄、已退役、客位多、机械设备有毛病但经过适当维修尚能使用的“光华”轮上，最后以 26 万英镑买了下来，并明确将这艘船作为新中国第一艘自营远洋船舶，开赴印尼接侨。

这个决定对于新中国的远洋航运事业，有着划时代的意义。新中国成立开始几年，全民热情高涨，国民经济得以恢复。但到了“大跃进”时期，国家政策严重失误，加上国际环境处于东西方冷战阶段，造成国家经济建设的困难。为了提高我国的国际地位，冲破困局，这些年来虽然与友好国家组建了两家合营航运公司，但挂着五星红旗的自营远洋船舶一直未能打出去。把光华轮这艘既老且毛病又多的客船作为首航船舶开航，实在是一件既光荣又艰巨的任务。沈祖挺成为光华轮首航接侨组织工作的一位重要成员。他背负的任务是以不高的费用，组织确定维修方案，进而确保这艘旧之又旧的客轮能安全顺利地开出去。

对于这艘既老且毛病多的“光华”轮，如何以最少的外汇开支进行维护和修复，使她能符合船级社对国际航行的远洋客船的基本要求，又要符合中央对我国第一艘远洋船舶出航必须“确保安全，万无一失”的要求，这是当时办事处领导、主管部门和沈祖挺面对的重大难题。这不仅是个技术问题，也是个政治问题，沈祖挺是这样认识的。

船购回来后，沈祖挺和办事处主管修船的同志立即上船，花了几天时间，将这艘船的上上下下、里里外外，包括运行状态、技术资料和历史情况，全部摸清楚。他以其敏锐的眼光和丰富的经验作出判断，这艘船不但处在高龄，机械设备毛病还很多。

主机发电机：两台主机的机座及气缸盖多处有裂缝；发电机负荷降低，电缆漏电；

甲板方面：14 只木壳救生艇已严重破漏，露天甲板多处漏水；

航海仪器：通信设备大多不可使用；

客舱设备：修修补补还可以。

他估计如果全部达到良好水平，再花两倍船价，半年时间都不一定搞得好。他的意见是抓住重点，解决影响安全的问题，因陋就简，能拖的拖一下，必须做的影响航行安全的问题一点也不能马虎。为了提高效率，沈祖挺提出：发动船员采取认真、切实的措施进行操作管理，以保证船舶安全运行，按要求在 1961 年 4 月前做到适航状态，并取得远洋航行证书。

他的调查结果、分析判断和采取的措施，很符合当时船舶的实际情况和条件。大家虽然都表示同意，但也有几分担心，这到底是一艘已有 30 年船龄，英国人准备将其报废的老客船了。说得更彻底一点，是大家都相信沈祖挺的判断和意见，都知道沈祖挺提出的意见一定是深思熟虑的。他一向注重深入现场了解情况，这次更和“光华”轮的船长陈宏泽，两位轮机长徐修义和戴金根就此反复研究，多次论证，认为这个方案可行才提出。负责船舶检验的中国船舶检验局广州办事处，也实事求是地原则上同意他的方案。

为节省费用，“光华”轮的船长和轮机长想了很多办法，在香港拆船厂的堆场，寻找从报废船拆卸下来的、尺寸合适的旧铁壳救生艇、旧马达、设备，甚至电话等，以较低的价格买回，稍作修理即投入使用。

两个月后修理工作完成，“光华”轮回到广州黄埔港，等候检验、发证，然后准备补充物料、用具、油料、食品和粮食等等。

沈祖挺带领办事处的技术人员，配合船舶检验局，再作入级检验，对这次大修及开支（估计为购船费用的三分之一）表示基本满意，但仍遇到一个很麻烦的问题，就是这艘船将要航行国际航线，需持四张法定证书才能开航，而这四张证书必须由联合国会员国的船级社检验颁发。当时我国尚未进入联合国，自己的船舶登记检验机构不能颁发证书。而且我国还处在被西方国家封锁的状态，很多有资格颁发证书的国家仍未与我国建立外交关系，不可能邀请这些国家的船级社来检验发证。想来想去，唯一可行的就是请苏联船舶登记局的验船师来检验，并由他们发证。

但那时中苏关系已经很紧张，可能是受此影响，那几位从驻上海的苏联船舶登记局办事处派来的验船师，在检验中对我们诸多刁难。经过摆事实、说道理，多数问题都被我们说服，唯有船体内部装饰方面，苏联验船师提出要对光华轮全部木质家具作防火处理，即其木料需经过防火处理，遇火烧时，不能有火焰，否则不予发证。

我们（包括我们的船舶检验局、船厂和船公司）都认为这样的规定只是对新造船舶，而非对老船的要求，但这位苏联验船师叶利钦不同意我们的说法。他说在苏联所有客船都必须符合这个要求，态度很强硬，毫无让步的意思。事情一下子僵持下来。我们非常着急，但拿他没办法。同时这位叶利钦还对我们的船员，特别是船长和大副未跑过远洋航线不放心，说过两天中方租用的“俄罗斯”客轮将到达黄埔港，他要带领“光华”轮的船长陈宏泽及轮机长等人去参观学习。

虽然主题是学习航行，但沈祖挺还是想到解决眼前“光华”船检方面的问题。当听到这位叶利钦说将带陈船长等去苏联客船“俄罗斯”轮，见识一下怎样管理远洋客船时，他已设想好一个计谋，悄悄地从船厂叫了一名木工随行，并吩咐他带上一把小木工刀。

到了“俄罗斯”轮，叶利钦请该轮的政委陪同我们去见苏联船长。到了船长房间，只见他坐在自己的办公桌前，面部毫无表情，更不见笑容，显然是对我们的到来不以为然。他让我们站在办公桌前听他训话，以教训的口吻对我们说：“当船长的必须懂得在船进外国港口时，船艄要挂该国国旗……”

这些知识可以说是航海者的最初级知识，而且所说并不符合我们这次来访的问题。大家听后很不满意，觉得他这太瞧不起人了。

这时，中方代表卓东明用英语说：“我们的身份是租船人，船长先生。”

事实是，“俄罗斯”轮是我们花钱租用的苏联客轮，用来接送难民的。我们才是船舶现阶段的“主人”，卓东明认为他们对我们要有起码的尊重。

然后卓东明指着身边的陈宏泽船长接着说：

“我们这位中国船长陈宏泽有16年船舶驾驶经历，其中当过8年船长，东南亚各主要港口都去过了，你讲的只是一般常识。”

这位苏联船长这才稍稍收敛傲慢的态度。

而在船长发议论时，随行的木工悄悄地用木工刀在桌子边割下一小块材料。

这时，“俄罗斯”轮事务长通知吃午饭时间到了。这位苏联船长竟站起来说：“那好，你们都知道了，我不讲了，我要吃饭了。”然后转身就跑了。

在场的苏联政委及叶利钦也觉得这位苏联船长太没有涵养，很丢面子，他告诉我们说："你们等一等。"意思是去安排我们的午餐，缓和一下表面上的尴尬。可是不一会政委回来了，面部似乎没有什么表情地说："很抱歉，船上没有准备你们的午餐。"这位苏联船长连叶利钦的面子也不给。

陈宏泽船长于是说："那我们大家一起回到'光华'轮吧！"

这时已近下午1时，大家都很纳闷，回到光华轮已2点了，还有饭吃吗？当时正值经济困难时期，要在广州临时找个饭馆吃饭是很困难的，黄埔唯一的海员俱乐部餐厅已经关门休息了。

回到"光华"轮，陈船长安排叶利钦先喝点茶。大家说起这位船长太傲慢，叶利钦也觉得船长是有点过分，但他说，可能是因为这位船长原是海军将军，现在做一艘商船的船长，有点不服气，也可能看不起远洋航运还未正式开辟的中国，以为中国没有什么航海人才，个性也就自以为是一点。叶利钦言语间也表现出无可奈何。

过了大约半小时，陈船长通知大家去餐厅吃午餐。

吃到热乎乎的饭菜，大家都说好吃，尤其是叶利钦。吃饭间有人提到，在午休的时间把厨师叫起来做饭，真是不好意思时，陈船长说："没什么，其实我没有惊动厨师。"

"那？"

"这饭菜是我动手做的，做得不好请包涵。"

大家听后都有点吃惊。叶利钦更深为感动，他说：

"中国的海员真好！船长对人真诚，没有架子！还亲自下厨为我们做午饭，做出来的中国菜好吃，非常感激。"

现场的沈祖挺一看时机到了，于是对叶利钦说："很抱歉叶利钦先生，请允许我现在做一个小实验。"然后拿出从"俄罗斯"轮取来的木条点火。

只见这根小木条慢慢燃烧起来，不但有火苗，还冒出来一些烟。这时沈祖挺又说：“这是我们刚刚从贵国‘俄罗斯’客轮船长房间取来的材料。”

停了一下，沈祖挺继续说：“叶利钦先生，贵轮船长房间的桌子材料也是可燃并出明火呀，可‘俄罗斯’轮不是已经开到中国来了吗？”

这位叶利钦刚赞扬了中国海员，又看到这么一手，顿时语塞，再说不出道理来，最后只好同意取消这条要求。

事后，大家都称赞沈老轨真有办法。沈祖挺说：“这也是迫于无奈，对于这样信守教条，不对具体事情做具体分析的人，只有这样办。”

对于将“光华”轮安排为新中国首航远洋的船舶，中央政府非常重视，要求严格。很多具体问题周恩来总理都亲自过问。他也知道这艘将要退役的拥有30年船龄，并有很多毛病和隐患的客船，作为首航船舶是不太合适的，但在当时的情况下，也是无可奈何的安排。唯一的办法就是要依靠人的积极因素，做好一切预防措施。中央对“光华”轮的开航，提出了“确保安全，万无一失”的要求，多次派人检查，其中最为严格的一次，组织了中央6个部委，包括公安部、交通部、中侨委、海军司令部等单位的领导组成的联合检查组，直接到“光华”轮作检查。重点是安全技术问题。远洋局驻广州办事处的领导要求船舶技术科的同志，对相关的问题，提出切实可行的防范措施。

沈祖挺根据很多年轻船员及技术人员经验不足的特点，组织大家认真讨论，提出船舶存在的较大和危害较严重的问题，逐条研究和列出防范措施。凭借他的丰富经验、精益求精的技术和勇于负责、敢于承担的精神，所有检查组提出的问题都一一得到解决和落实。

在联合检查组将近检查完毕时，传来周总理办公室的电话，问及“光华”轮有17个船壳铆钉松动渗水，是怎么解决的。当时有位船员说，这只是很轻微的渗水，不要紧，立即受到检查组的严厉批评：回答总

沈祖挺在即将首航的“光华”轮上

理的问题能这样轻率不负责任吗？一时间大家都愣了。这些铆钉在水线下，要修理就要进坞。当时广州没有这么大的船坞，而且铆接工艺20年前已被电焊工艺代替，船厂里已找不到铆工了。这怎么办？检查组等候我们的回答。大家你看我，我看你，一时手足无措。

这时沈祖挺站起来说：“我经历过类似情况，我们是用打水泥箱的办法，封住渗水的部分，经验告诉我，这个办法很可靠。”听到这位带宁波腔的海员发言，检查组的成员诧异地看着他。

广远的总经理立即介绍说：“这位是我们远洋的总轮机长沈祖挺，他是一位拥有丰富航海经验的老海员，二战期间曾在一艘英国商船当轮机长，为英国运送军事物资，在马达加斯加海峡被法西斯德国潜艇击沉。他带领36名海员漂流到一荒岛，在没有淡水和粮食的情况下，自制淡水，捕捉鸟兽，坚持了76天。得救后英王乔治六世亲自批准颁发给他英帝国官佐勋章，赞为英雄。”大家又一次惊奇地注视他，请他介绍“水泥箱”堵漏的操作。

沈祖挺于是详细介绍了在渗水铆钉船壳内侧肋骨间的上下部位，嵌入木板，敷上水泥沙浆，再封上木板，就成了水泥箱。他还说，这样修补渗漏的铆钉可维持很长时间。检查组非常满意地将此情况报告了总理办公室。这个打“水泥箱”补渗漏铆钉，一时被传为佳话。

一艘“光华”轮这样的老船，在沈祖挺、公司的技术人员和全体船员们的努力维护下，终于成功启航。不但如此，“光华”轮还13次接运印尼难侨，3次到印度接侨，共接回2.7万多位同胞，还运送了一批我国筑路工程技术人员，去也门修筑公路；运送中、朝、越三国运动员去印尼，参加新兴力量运动会；还运送过国内大批部队。在执行这些重要政治运输任务中，没有发生过任何重大事故，实现了“确保安全，万无一失”，创造了奇迹。船舶最重要的部分，是轮机部，它是动力和电力的保证。没有动力，船不能航行；没有电力，航海仪器也不能开启。而这些都需要由轮机部提供，在这方面沈祖挺功不可没。

沈祖挺处理船舶技术问题的传奇性故事，不只体现在“光华”轮的维修及航行保障。他还有许多故事，就像许多民间传说那样不可思议。其中报告中央的“打水泥箱”传奇，早在船员中广为流传。

抗战胜利后，沈祖挺在中国航运公司“天龙”轮当轮机长。一次船行至太平洋航行时，遇到大风浪。在巨浪激烈拍打、船身颠簸扭动中，船壳钢板铆钉松动漏水，并有轻微裂缝，情况危急。他在海关巡逻船时的老搭档，船长陈青一时不知如何是好，求救似的要沈祖挺提供处理意见。沈祖挺说：“以我的经验，可以用猪肝拌糯米饭捶烂修补，再打一水泥箱封住，这个是土办法，但效果很好。”陈青船长虽半信半疑，但语出沈祖挺，且情急之下无更多选择，就叫船员按此法处理，果然有效，松动了的铆钉不再漏水，船平安顺利地开到目的港。

还有一个故事：沈祖挺所在的广州远洋公司，有一次购进了一艘二手船（当时国家经济困难，公司要发展只能购买便宜的二手船），该轮主机状况不是很好，除了要求进行正常检修外，科班出身、没有多少航海经验的年轻轮机长，按照书本上的理论，为了安全保险要求，对气缸中心线进行校正。其实这就是要做大动作，即校正轴系，重新拉线，进而纠正气缸中心线。这样处理工程量一定很大，费用花费高，花费时间长，更重要的是，即使做了也未必会达到预期效果。沈祖挺不同意他的话，凭自己的经验对该轮机长说："搞机器的有句行话，对老机器要'歪对歪、斜对斜'，意思就是轴线已经磨损歪了，走得很顺。硬要部分调正的话，这里正了，别处就会出现不正，越修工程越大，甚至会达到不可收拾的地步。"

那位轮机长没有听沈祖挺的劝说，坚持拉线，想要一个理想的效果，结果花了不少钱，修了3个多月，不能解决。最后还是采用了沈祖挺的"歪对歪、斜对斜"的经验，才解决了问题。

从此，沈祖挺的"猪肝糯米饭"、"歪对歪、斜对斜"的"道理"，在船员特别是轮机员中不胫而走，传为佳话。

沈祖挺在工作中，还敢于顶住"极左"思潮的压力。正当远洋开航筹备进入紧张时刻，上级却要抽调远洋办事处主办人员下乡。本来，上头的政治任务，没有人敢违抗，因为如果不执行或者不积极执行，即会被人上纲上线扣帽子，那就是政治立场和态度问题了。沈祖挺有他的价值判断：能不能开船是国家的大事，某个人的下乡只是个人的小事，他认定国家的大事不能受影响。这就是他的大事小事观，这是他对社会运作的认识。眼前的事，他认为接侨或筹备远洋船舶开航才是重要的。出于这样的简单考虑，他不但公开向上级表明自己的态度，还四处奔走，请求免派办事处的骨干下乡。广州办事处领导不敢决定，他独自反映到交通部，以这种死磕的态度，终于达到了不在筹备办事处抽调主办人员下乡的目的。至于有没有因此开罪了一些人，给他带来的后果，他可能没有想到，也可能根本不予理会。

机舱小凳的故事

许多与沈祖挺打过交道的轮机长说起他都会说一句有趣的话：“一定要把机舱的小板凳清除了，否则有你受的！”

这是怎么回事?

事情说的是中国远洋开航的初期，沈祖挺作为总轮机长，经常上船检查船舶安全和规章制度执行情况。而每次检查，他都会首先到甲板前后走一圈，然后下机舱巡视察看工作环境、船员值班和船舶整洁情况。发现不良现象，即记下值班人姓名。大家对他的一个细小动作记得尤其清楚，就是特别注意看机舱有无放置小板凳。按照船舶轮机值班规定，值班人员必须走动巡回检查，以便及时发现问题。有凳子就会使人产生坐的冲动，不可避免地去坐上一会，这肯定不利于随时发现问题。而许多轮机长出于同情轮机员 24 小时轮班，有时便允许值班人员坐上一会，这在船上比较普遍。根据沈祖挺多年观察，他发现小板凳摆在机舱，往往反映出该船舶轮机值班管理的问题，是管理不严的表现。所以他检查时，特别注意机舱有没有小板凳。如果发现，他会一手拿起小板凳，走到轮机长房间，然后召集部门全体会议，当众批评轮机长管理松懈，并宣布以后一律禁止坐在小凳上值班。他在事先不通报的情况下，不给面子的批评，身为一船轮机之长往往十分难堪。

对沈祖挺的这种管理办法，有的轮机长不理解，更不能接受，会找他发怨气说：“你沈老轨当众批评本轮轮机长，我还有什么面子，叫我以后怎么有威信去领导下面呢？”

但沈祖挺有他的逻辑，他早有准备地说：“我这样当众批评你，其

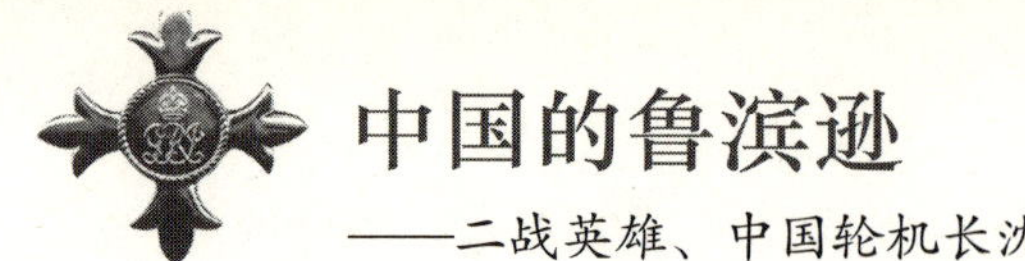

沈老轨严格管理，机舱不能放小板凳　　（插图：徐国华）

实是给你一个理由，我为你去做一个丑人。以后你就可以没收小凳子，谁再敢违规就可以严肃批评他们。如果下面有反弹，你可以把这种好像不讲人情的做法推给我，说是沈祖挺逼着我要这样管的，你还好领导呢！”

没想到这个办法还真的挺管用，下面的轮机长用这个说辞来劝说部门的轮机员，大家都觉得是上面的严格要求，理解了顶头上司的做法。因而逐步被各船接受，不良现象遂被扭转。

另外，沈祖挺上船期间，都抽时间当着船上轮机长的面，逐个考核船员技术和操作能力，发现不足之处，要轮机长给他们补课。由于公司规定严格，检查落实认真，远洋船舶开航初期，船员们都比较自觉执行各项规定，认真学习业务技术成为一种风气。

沈祖挺对船舶发生的技术问题，能及时认真解决。1967 年“九江”轮从法国接收回航，途中轮机长报告，主机增压器发现有异常声音。沈祖挺即告他们用录音机将声音录下，并作一些调整检查。回到黄埔港，他上船听了录音，了解了有关情况，认为是压缩空气穿过空隙造成，稍作调整即可消失。轮机长不放心，要求交厂修理，沈祖挺拍着胸膛说：“你放心，不会出事，如因此出问题由我负责。”正如沈祖挺所料，进行调整以后，直到“九江”轮驶出，再也没有出现异常声音问题。

海员风度

20 世纪 60 年代“文化大革命”前，沈祖挺经常到船上去检查工作，往往在黄埔，当他走下班车时，便会发生这样的一幕：不少与沈祖挺相识及不相识的，也可能是慕名而来的船员或同事，都会凑过来，很熟络似地向他打招呼，沈祖挺当然也很熟络地与他认识与不认识的人一一打招呼。他的脸上带着令人亲近的微笑，就是有这样威望和吸引力。

沈祖挺好像与所有人都很熟悉，面带笑容。然后就是一个习惯性的动作，从上衣口袋里掏出香烟，一边寒暄，一边逐一派发。

大家注意到，他派发是当时很高级的“中华”牌香烟。刚拆包装的“中华”牌派了一圈，去了一小半，之后，把“中华”放回上衣口袋。然后他又不经意地从裤袋中取出一支，自己抽起来。这一切都好像很自然，大家一般都不怎么在意。

但有细心的人观察到，沈祖挺从裤袋中取出的香烟包装颜色不同，觉得奇怪，便问：“沈老轨，你抽的是什么牌子的烟啊？”

沈祖挺有点不在意地拿出口袋中的香烟，大家仔细一看，是“双鱼”牌。抽烟的人都知道，“双鱼”牌香烟在当时是很大众的香烟，与“中华”国烟相比，低了几个档次。

原来，他每次外出见到朋友同事，都习惯身上放着两种香烟，上衣口袋装着高级香烟如“中华”“红双喜”“牡丹”“大重九”等，用于招待朋友；裤袋里装着另一种廉价的香烟如“双鱼”“丰收”“百雀”等。那时能抽上一根“中华”“红双喜”或“牡丹”，对烟民来说可以说是享受了一次烟的“盛宴”了，一般烟民一年也未必有机会抽上一次。有一次有人忍不住问他，为什么要这样做？他说：“我有条件买些好一点的香烟，就是想让朋友们能尝尝，他们平常很难有机会抽到这种烟的滋味，尝一下嘛。”有时候被人发现他抽的烟并不好，不好意思接受的时候，他还会真诚地说：“我也常抽，不需要每口都是好烟，双鱼也不错。不必跟我客气，我的工资比你高嘛。”

民间有话说，“行船跑马三分险”，由于常年与家人分离且高风险，船员在解放前有较高的薪水。解放后为了稳定这一批骨干，国家参照国际惯例，继续执行原有薪水标准，保留了当年较高的水平。而沈祖挺享受的，是他到中波海运公司任职轮机长时的最高待遇。据一位 1960 年代初在远洋局财务处工作的会计说，当时交通部给沈祖挺定了一个非常特殊的工资标准，每月 480 元，比交通部部长的工资还高。

这是因为他在二战期间，为英国立了功，是位在国际上有影响的人物。当时一般大学毕业后到机关工作了一段时间，每月工资 70 多元，已经算高了。沈祖挺那个时候的工资，是转正后的大学毕业生的近 7 倍。

不过在早年，沈祖挺也曾多年独力承担家庭经济的重担，那时他觉得钱的作用很大，一直以来就是为钱煞费苦心。后来父亲病倒、母亲去世、妻子病亡，他又省吃俭用还清了债务。从那一天开始，沈祖挺对钱有了一种新的认识，觉得钱好像并不那么重要，特别是自己作为一名海员，一年中的大部分时间都在海上漂着，钱的作用显得更无关紧要。而曾经或正在同船的伙伴，是风雨同舟患难与共的关系，就像战场上一条战壕的战友一样亲密。比起其他行业的人，海员特有的豪爽、讲交情、重义气的性格，在沈祖挺身上体现得特别明显，家庭经济重担放下以后更是如此。朋友有喜事或需要帮助，他会慷慨解囊；在加尔各答，为了组织好足球队，他掏自己的腰包，购买全队的球服，球队获胜时则自己再出钱，请全队吃大餐。平常与朋友和同事的交往，几乎所有交际开支都是他出。虽然那时他的收入很高，但花销也很大，每月所剩不多。

常有人问他："沈老轨，你为什么这么大方啊？"他总是说："海员四海为家，相依为命，漂泊不定，钱是身外物，彼此的友情最难得。"

然后他会再补一句："这大概是海员风度吧。"

三年困难时期，物资供应严重短缺，不但身处乡村的农民不少因饥饿逃荒甚至饿死，城市居民也限量供应粮食与副食品。当时食堂粮、油紧缺，主食由甘蔗渣加少量面粉做的窝窝头，菜也是水煮的，往菜里倒进开水，连油星也见不着。不少同志拿着饭兜难免发出怨言。单位食堂就餐的沈祖挺，每当听到这些怨言，都会表现出与众不同的表情。看到有人难于下咽食物时，他表示理解但却笑嘻嘻地说："这种东西比我们流落荒岛上吃的东西要好几十倍，还是热乎乎的。"听到他这么说，大家的怨气便消了许多，因为大家都知道，他当年曾在无水无食物的荒岛上熬了 70 多天，与那时候相比，现在也不算坏了。毕竟是受过苦的人，沈祖挺对这些并不可口的食物，竟可以大口地吃下去。

有人问他："你是怎么做到苦中作乐的？"

沈祖挺还是那一句："俗话说'行船跑马三分险'，我们做海员的与风浪为伴，还有什么苦受不了呢？这大概也是'海员风度'吧"。

上文提到，他的妻子蔡丽文是一个粤剧的爱好者，虽然沈祖挺与她聚少离多，一年见不上两个月，在个人志趣方面也相去甚远：沈祖挺对航海一片钟情，对船上的机器一往情深，谈起内燃机、蒸汽机、发电机、舵机、水泵等等机器就来精神，却对唱戏听戏毫无感觉，对各式粤剧行头也没有感觉；妻子则热爱唱粤剧，对上台表演及演戏服装深深痴迷，总想有更多的机会上台唱戏，拥有更多的戏服，自然也常常买各式戏服，而对丈夫的船舶和机器则毫无兴趣。

在处理夫妻不同志趣的问题上，沈祖挺依然表现出他的海员风度："作为男人，作为丈夫，作为海员，我不能陪在家里。妻子长期一个人在家，够辛苦的，我要尽一个丈夫的责任，不能给她时间，至少可以给她一些钱。让她玩得开心点。"他每月的薪水大部分交给了妻子操持，四百多元的收入，大概每月至少给妻子一半。

除了花在妻子家庭及朋友身上，他的工资几乎是"月月清"。直至 1970 年不幸去世时，工作了几十年，每月这么高的工资，银行里竟没有存款，也没有其他有价证券和贵金属。

沈祖挺是广州远洋公司实际上的总轮机长，他的工作职责是对公司属下的所有船舶技术性能及安全航行状态负责，随时掌握出现问题并及时进行处理。公司的船舶每次回到广州装卸货，一般都要在港外的锚地，等待码头有泊位，才进港装卸，等待时间长短由港务局安排。这个时候正是进行船舶轮机技术问题处理，安排航次修理和对船舶技术性能进行检验的时间。

珠江口外的锚泊位置远离黄埔港，从公司总部开交通艇到锚地要2~3个小时。而跑了一个航次的船舶一般都会有这样那样的问题，每次上船，船上都希望他将所有问题都解决了才离开，这就够他忙的。为了节省在途中的时间，他常常从这艘船转到另一艘船连续工作。

他的工作地点是在机舱，里面到处是机器，每分钟都在运作，散发出闷人的热气，温度高达四五十度，汗水难免湿身。下去几分钟，就会满身油污汗流浃背。即使是在冬天，每次下机舱，都需要换衣服。常常是原计划到船上待一两天，为了节省来回跑的时间，多跑几条船，结果四五天还回不了家，没带够该换的衣服是常有的事。他的办法是：没有换洗衣服，就向该船的船员借用，他从来不觉得这是一件了不起的事。

有好几次沈祖挺下船去检查工作，把上次向船员借的衣服带上，在印象中觉得，这次带上的衣服，就是这条船轮机长的，现在正好还给他们。当沈祖挺准备将衣服交到该轮轮机长手里时，奇怪的一幕出现了，该船的老轨看了看说："这可不是我的。沈老轨，你搞错啦！"

"是吗？"沈祖挺开始有点不好意思，但马上就变得很好意思起来，开始"以攻为守"地说，"我好像记得就是你的啊。唉，其实这一件也差不了多少，就还你这一件，将就吧！"大家哈哈大笑起来说："沈老轨，你真行，这样都可以。"沈祖挺笑着用不是很地道的广州话说："同捞同煲，大家都系难兄难弟，同着（穿）一条裤有乜（什么）问题呢？这是'海员风度'！"

确实，大家一点问题都没有，还挺高兴的。

因为在船上处理问题，错过了交通船的接送时间，当晚只能就在船上过了，轮机长说："你就住在我的房间吧。"沈祖挺说："不用，我就睡在餐厅了。只要你给我一床被子，只要能听到机舱的声音，我就能睡着。"

确实，累了，不管在什么地方，桌子上、沙发、地板甚至小凳都可以睡，饿了不论什么食品都能吃。可是工作起来却精神抖擞，非常认真。

为什么能这样？他还是说：“这是海员风度。”

他真是天生就该做海员的，或者说，他是天生的海员。大家非常认可并欣赏他痴迷于海、醉心航行、襟怀开阔、慷慨豪迈、耿直不阿的海员风度。甚至觉得，他在以自己的一生，诠释着海员风度。

第五章

他属于大海

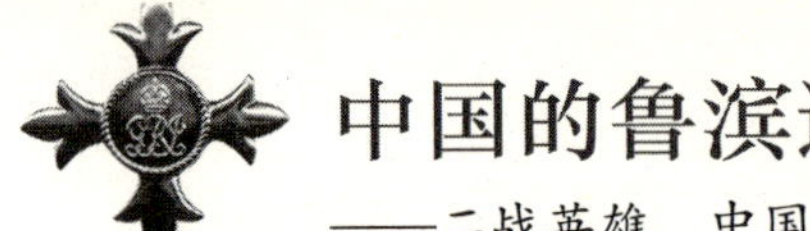

中国的鲁滨逊

——二战英雄、中国轮机长沈祖挺

整理者言：卓东明不但认识沈祖挺，还充分了解沈祖挺的一家。不但与沈祖挺一同工作，还和沈祖挺的妻子及儿子多有往来。讲起沈家，卓东明的表情变得复杂起来……

1982 年 2 月卓东明（中间之人）到香港探望沈祖挺夫人蔡丽文及她的小儿子沈全伟

妻子蔡丽文

1991 年 2 月的一天，香港，深夜，我的电话突然响了。

我略扫一下号码，是一个似曾相识的电话，但一下子记不起来。再细看号码，估计可能是一位久不联系的朋友打来的。话筒中传来一个带有广东口音的老年妇人的声音，颤抖、恐惧，呼吸声急促。

“你是老卓吗？有人从广州到香港来了，乘直通车到红磡来了，他们要来报复我，要害我！”

“你是……”

“我是蔡丽文啊，啊，啊……”

紧接着，话筒中的声音又来了：

“他们来了，他们来敲我的门了，我不敢开。他们要害我。快来救我！”

我一听，知道是沈祖挺的遗孀蔡丽文，马上精神一振：“哦，你是沈太，有话慢慢说，慢慢说。”

她接着又重复说有人来害她，声音仍然颤抖，语言只有恐慌，没有条理，情绪激动。

我觉得事情比较严重，立即打电话给沈太的儿子，也在香港的沈全伟，问：“你妈妈怎么了？家里发生了什么事情吗？”

沈全伟有点不安，但语气中却表现出沉着：“卓叔叔，没有什么，老人家最近比较躁动不安。医生说这是一种病症，类似压抑症。”

“怎么回事？为什么得了这种病？”我问。

“估计病因与有过长时间的恐慌经历有关，总是怀疑别人。”

我说：“我去看看她吧，我已很久没见他老人家了。”

沈全伟说：“不要看了，她的情绪很激动，样子很难看。”

“还是过去看一下吧。”

“不用不用，真的不用。通一下电话就行了，谢谢你的关心。”

我当时也在香港，就过去看了一下。果然见她的情绪很差，问她的儿子沈全伟，也没说有其他什么病。临走我只是叫沈全伟带她去再看看医生。

离开蔡丽文家，我总觉得心里有点不安，总是担心有什么事情要发生，盘算着过些日子再去看她。让我稍为放心的是，现在她身边有一个孝顺的儿子陪伴。

大约过了半个月，3 月初，沈全伟突然主动给我打电话，说他妈妈蔡丽文走了。

顿时，我好像被什么重击了一下。蔡丽文，沈祖挺的妻子，这位经历了无数风雨人生悲苦的潮汕妇女，十几天前还给我打电话，现在说走就走了，走完了她苦难的一生。

放下电话，我长长地叹了一声。既为她的不幸离去，也为她终于获得了解脱。

我不禁想起她这几十年的坎坷人生。特别是在沈祖挺含冤去世后的 10 年，作为一个没有了丈夫的蔡丽文的痛苦经历。

她的一生真是不容易。在我的印象中，她是一位心地善良、性格和蔼、有教养、对人和气，但阅历不深的女子。24 岁嫁给沈祖挺，至 1970 年沈祖挺不幸逝世，他们的婚姻长达 30 年。然而这段说来不算短的婚姻，丈夫沈祖挺长年在海上航行，按一年在岸时间 2 个月计，夫妻共同生活的时间其实也不过只有几年。蔡丽文更多的时间，只是 1 个人在陆地上，带着 2 个孩子生活，其苦处可想而知。

好在蔡丽文是一个有兴趣爱好的人，结婚初期在港曾担任一所小学的音乐教师。她在教书的同时还有自己的爱好粤剧，日子过得还算充实。

沈祖挺从香港协助船舶起义后，积极参与国家建设，组建广州船厂和广州远洋公司。上级保留了沈祖挺老船员的工薪标准及待遇，在组建远洋时，由于资格老贡献大，公司分配给他一套面积较大，和公司总经理相同的三室一厅的房子。

但到了“文化大革命”的 1970 年，情况发生了变化。受沈祖挺的被审查牵连，妻子蔡丽文的家突然来了一群有组织的“革命群众”，翻箱倒柜，搜查“证据”。最令蔡丽文感到恐惧的是，这一群凶神恶煞的人闯进自己的房子后满口恶语，说她是“反动分子”“中统特务”家属；是“封资修分子”，她所热衷的戏是“才子佳人”，过的是“腐化堕落的资产阶级生活方式”，是“资产阶级的孝子贤孙”。

对于一个从旧社会过来，对政治一无所知，对社会的革命懵懵懂懂的她来说，觉得这些恶名恶语都是不得了的罪行，句句致命。那都是一些什么罪名啊，尤其是“反动分子”“潜伏的中统特务”家属这些罪名，她不知到底意味着什么，但正是因为不懂，反而觉得更可怕。可能，现在的许多公开的文章，在谈到“文化大革命”的过往时，也会提到这些字眼，然后鄙夷地一笔带过。年轻一点的读者也许更不会在意，以为那是恶语而已，没有什么实际意义和杀伤力。但对于蔡丽文来说，却如五雷轰顶。这是切身的实实在在的经历。她在当时陷入极度震惊和恐惧，全身发抖，不知所措，哑口无言，整个人都崩溃了。

以后的一段时期，那些各式各样的“革命群众”，包括与沈祖挺同单位的一部分同事和未谙世事的学生，每每经过她居住的房屋，都会投来白眼，甚至向她吐口水，嘴里说着一些难听的咒语。每个人的目光都像是针刺，扎在她弱小的心灵上。她不敢抬头，完全没有反抗能力，也不敢想反抗，只能低头走路，只有恐慌。那是一些什么日子！她天天噩梦，夜夜惊醒，大汗淋漓。她开始发开口梦，在梦中喊救命。噩梦醒来以后，她的恐惧非但没有减弱，反而更加加重。她越来越胆小萎缩，不敢抬头见人。她怕所有的人，本来就没有什么朋友的她，越发孤独。

我的思绪从回忆回到现实，现在她也告别我们了，告别了让她觉得恐惧的世界了。

接下来是送她最后一程，向她告别。在港的儿子沈全伟为她张罗所有后事，在广州工作和生活的大儿子沈全义匆忙办证赴港。

我记得很清楚，告别仪式在香港殡仪馆最小的一个厅里举行。虽然最小，却还是稀稀落落的，可能是当天香港殡仪馆中最冷清的告别仪式了。

参加告别仪式的除了我和老伴外，还有我的一位同学，原香港宏德机器铁工厂的工程师，与沈祖挺曾经在广州的老同事。他深深了解并敬重沈祖挺，珍惜过去的共同经历。他知道沈祖挺的太太在香港孤儿寡母，无依无靠，来送别师母。

老太太的亲戚一个也没有来，可能是不知道，也可能是其他原因。

我们三人目送着这位老人的孤寂离去，一直进到火化处，看到火化全过程。

从殡仪馆出来，我和老伴都很伤感。“文革”后，蔡丽文坚决申请来香港定居的一幕幕往事，再次在我的脑海里浮现。

想回到老家香港定居，是蔡丽文多年来的心愿。但沈祖挺在世的时候，社会不允许，沈祖挺也不答应，她的这个想法提过一两次，被沈祖挺严词拒绝后，就再也不敢提了。她特别记得清楚的是在沈祖挺受冲击之前的一天，她曾轻声提出过一次，即听到丈夫板着面孔的回答:“你不要提了，再提，就离婚！除非香港解放了！”因为沈祖挺觉得这是一个原则问题，香港是资本主义社会，他们一家不能回到那里去，他爱生他养他的地方。

从此以后她不愿再提，不敢再提了。中国女人“嫁鸡随鸡，嫁狗随狗”的理念在这个传统女人身上，体现得很充分。她只能忍气吞声，默默无言，将所有的恐惧、欲念、压抑情绪全部埋在心里。

在沈祖挺去世以后，蔡丽文一方面受到丧夫的打击，另一方面被丈夫牵连，受到来自外界的，精神和生活的双重侮辱与迫害。她从原来地处滨江路的三室一厅的房子，被赶广州河南荷包岗的只有一室的简陋房子。两个孩子一个到了农村务农，另一个被分配到外地工作。这段时间她孤独无助，在抑郁中艰难度日。

不久，蔡丽文重提单程赴港定居一事。她说的理由是：结婚前我在香港生活，长大；20 世纪 40 年代我在香港结的婚，后来小儿子也在香港出生；我在香港上水还有房子物业。“最主要的是，沈祖挺不在了，我想离开广州回老家，离开这个给我留下太多痛苦和恐惧记忆的地方。”她说。

后来，据我所知，此事得到了沈祖挺的一位老同事，广州海运局的船长何炳材的大力帮助。何是沈祖挺的老朋友，当年也曾在海关船上共事过，抗战胜利后，代表民国政府驾“太平”舰收复南沙太平岛，是一位在航海界德高望重的前辈。何炳材替蔡丽文写了一封英文信给香港移民局，详细介绍了沈祖挺在二战期间的事迹及他的妻子希望赴港定居的事。估计是港方知道了她是曾荣获英国国王官佐OBE勋章的功臣遗孀，同时又是在香港长大及结婚，即表示欢迎夫人到港定居。在这之前，蔡丽文曾几次申请，均被港英当局拒绝。这次经何炳材船长帮助，大约只用了1个月，她即获批赴港。其速度之快，出乎我们大家的意料。

获批准赴港前，蔡丽文很高兴地给我来电话，说已获批单程赴港。我觉得，对于她来说这是一件好事，但立即想到的是现实的问题：离开了香港几十年，她了解香港吗？能适应香港的生活吗？可能她连香港的街道都不认得了。另外她向我说过许多次的，在上水有房产的事，房屋还存在吗？甚至，她赴港当晚住在哪里，都是问题。这些她自己是无法解决的，只能由我帮忙。

我了解到，当时正好有一位派到香港招商局参加造船工作的，原广远老船长陈志纯，将在近期前往香港。我便将情况向他作了简单的介绍，请他顺便从广州带沈祖挺的遗孀到香港，到港后帮她找到在香港新界上水村的老家，交给她在港的亲戚，安排好她的生活。

陈船长提出，如果找不到人，没有人接待怎么办？

确实，这也是我所担心的。

我想到了原是广州远洋运输公司“光华”轮的老船长陈宏泽，他于1970年调到香港招商局下属的友联船厂当总经理，既是我的老同事，又是沈祖挺的老朋友，过去我出差到香港，总是住在他厂里，晚上睡在他办公室的长沙发上。安排蔡丽文在那里临时住几天，估计可以。

于是我把沈祖挺的情况及他妻子的难处同陈宏泽说了，他当即表示没问题。

陈志纯船长从广州陪她到了九龙红磡车站，她就急不可待地要去上水，寻找当年她的那一间屋。因为这几十年香港建设发展很快，很多道路改变了，房子也拆了，旧地方都建起了新楼。陈志纯船长带着她找了很久，问了很多人，好不容易找到印象中的旧居，一问，房子早就没有了。那一段历史包括房子，好像都给抹去了似的。向当地的老人打听，说已转到亲戚那里，现场完全没有了房子的踪影。

蔡丽文越走情绪越差，又过了一会，陈志纯船长抬头看了一下天色，说：

“天色已晚，看来今天找不到房子了，我们往回走吧。”

这时蔡丽文着急了：“现在回那里？今天晚上我住在哪里？”

陈志纯船长安慰她说：“你放心，老卓已安排好了，你今晚暂时住在友联船厂，陈宏泽总经理会接待你的。”

在回程的路上，她还不停地说着：

“那是我家的祖业，房子挺大的，我从小就在那里长大，还有我的几大笼的戏服，很漂亮的，都没有了，都被亲戚们霸占了，唉！”唉声叹气的，整个人都消沉了下来，没有表情的脸上都是茫然。

这件事对蔡丽文的打击很大。几十年一直给予她支持的希望，在这一瞬间破灭，整个人的意志好像崩塌了。陈船长不断地安慰她，说：

“几十年了，当年你离开的时候，是抗日战争时期，现在找不到或已被历史埋没是不奇怪的。能找到才是奇迹呢。”

陈船长继续说：

“不要紧的，我们先安顿下来，慢慢再找一间房子。天无绝人之路。

有什么困难尽管找我，下一步再申请你儿子来香港照顾你，一切就会好起来的。”

她听了情绪才逐渐好转一些。

当晚，蔡丽文被安排在友联船厂总经理办公室的长沙发住下。

在蔡丽文赴港以后，生活其实没有保证。初到港时住在友联船厂总经理办公室的沙发上。短期还凑合，时间长了就有麻烦了，毕竟那是一家船厂，总经理办公室更是一间厂的关键所在，是处理公事的地方，难免人来人往。首先遇到的问题是：每天清晨5点钟，厂里有人来搞卫生。来人见办公室住着一个老太太，进来不是，不进来也不是，耽误事。蔡丽文也觉得不好意思，为避尴尬，她只能早于5点就起床到外面去走。她一个老太太，人生路不熟，一早就在外面晃悠，船厂又在远离市区的海边。不敢走远的她，只能在并不熟悉的厂区周围转。陈宏泽也觉得这样不安全，每天老人家太早起来，无事到处流浪也不好，长此下去不是办法。不久在厂内调剂，把她安排到了坐落在美孚新村的一套船厂下属的单身宿舍去住。

这套宿舍的外走廊有一间很小的杂物房（实际上是垃圾房），蔡丽文就住进杂物房去了。虽然那里的宿舍有三间房，有卫生设备，但住的都是单身男子，生活随便惯了，房子里一下子来了一个素不相识而且有点木讷的老太太，还要一早就起床搞卫生（她觉得白住了人家的房子，要做点什么才心安），那些职工觉得不习惯，一嫌她影响自己的休息，二嫌穿着不方便。有人知道她是从大陆到香港的，有房子在广州却不去住，偏偏要来这里挤，就说她：“老太太，你真系揾嚟辛苦，广州有屋唔住，来这里逼（广州话挤的意思），何苦呢？”

蔡丽文是聪明人，她知道妨碍了别人，人家不那么欢迎自己。她于是主动向陈宏泽总经理提出，用自己带在身上的一点盘缠和每个月儿子寄给她的一点点生活费，在外租一间小小的房子，希望帮忙。

最后，在厂方的协助下，在深水埗一座唐楼里(中式房子)租下一间不到10平方米的间隔房。

房子虽然小，又是孤身一人，她依然没有后悔来到香港，一个变得陌生的城市。生活艰难，但她的精神还是愉快的，起码她认为这里是她的老家，不会再天天生活在那个她认为被驱赶被歧视的环境。

看到她处在这样的环境，我担心她不能适应，出差去香港时，我常抽空去看望和关心她，也想资助她一点。但每次她总是推却："够吃饭就可以了，也没有其他太多的要求。"还说："我可以自食其力。"

其实她所说的"自食其力"就是粘纸盒子。在狭小的10平方小房子里，每天弯着腰干十几小时的手工活计（当时香港有不少发外加工的各种小型包装盒）赚取仅够两餐及房租的收入。

有一次我又去看望她，见到她的这个窘况，不经意地问了她一句："在这里生活很苦吧，回去广州怎么样？那里现在好多了。"

她一听，即连连摇头，使劲地摇头，说："不！不！我不回去！不能弄我回去！"脸上露出异常慌张的神情。

"不是，我不是要把你弄回去，只是随便说说情况，给你多一个选择。"

我知道，那是因为她的恐慌记忆一直都没有消退，还是那么深地刻在心里。我想，她受到的可能是永远的伤害。

儿子沈全义和沈全伟

沈祖挺育有两个儿子：沈全义和沈全伟。

沈全义和母亲及弟弟于1952年从香港回到广州读书，之前母子俩曾跟随沈祖挺，在印度加尔各答生活了4年，回广州时他12岁。1964年高中毕业后，考进北京建筑材料学院。1968年毕业后，分配到湖南

1964 年 10 月 1 日沈祖挺和两儿子全义，全伟（右起 4,5,6）及作者卓东明夫妇，女儿 (左起 2,3,5) 游肇庆鼎湖山

1964 年 10 月 1 日沈祖挺和两儿子全义，全伟(右起 4,5, 二排右起 2) 及作者卓东明夫妇，女儿 (右起 2,3, 二排右起 3) 游肇庆鼎湖山

的建材公司任技术员、工程师。1975年对调回广州，到广州铁路局工作，2001年退休。

沈全伟于1949年在香港出生，回广州后进幼儿园全托，1956年进小学读书，其后4年都住在幼儿园。1968年读高中时，作为知青到海南岛插队。1975年作为第一批回城知青回广州，被安排在广州远洋公司航修站作学徒、钳工。1982年经组织批准，去香港照顾1年前回港的母亲，在香港宏德机器铁工厂当钳工至今。

蔡丽文一个人到港后，生活困难重重，急需子女照顾，我也觉得必须设法解决一个孩子赴港照顾老人的问题。当时沈全伟刚从海南岛农村回城，到了广州远洋属下的一家船厂当钳工。沈全伟为人老实憨厚，又负责孝顺。到厂后积极工作，任劳任怨。而且他又是在香港出生，尚未结婚，申请他赴港比较合适。估计也是由于他的父亲是获得过英王勋章的人，他母亲只身一人在港，本人又在香港出生，申请单程赴港的事也相当顺利，头尾不到半年就获批赴港。母子团聚。

沈全伟到港后，人生路不熟，一时找不到工作。而我多年因工作需要，常往来香港，在香港有一些朋友的关系。由于他赴港前在船厂工作过，做的是修船钳工，有技术，且为人踏实厚道。我想到香港宏德机器铁工厂的老板司徒锟先生，和我们远洋公司及香港航运界的中资公司，早就有良好的业务关系，便问他是否认识沈祖挺。他说他们是老朋友了，一口答应安排沈全伟到他的工厂做事，从此他有了稳定工作，虽然薪水不算高，但维持生计不成问题。他是一名孝子，到香港后悉心照顾母亲，陪伴母亲走完了人生的最后一程。我觉得这是对沈祖挺在天之灵的最好交代。

在我的人生历程中，沈祖挺与我有着非同寻常的关系。他的敬业精神，他的精湛的技术、知识和能力，他的平易近人能和群众打成一片的作风，令我敬佩。他是我最为敬仰的人之一。他的最后遭遇令我心痛，因为他属于大海，无可避免地，照顾家庭和孩子的时间和精力少了。我不止一次听过，他说他的人生有愧于妻儿，不但不能很好地尽一个丈夫和父亲的责任，还给家人的带来了痛苦和灾难。他们一家的遭遇令我同情，所以，沈祖挺逝世后，他的家人是我最为牵挂的人，能帮上他们，安顿好他们的生活，我的心才可以安宁。这就是我要尽一切努力去帮助他们的原因。令我感到欣慰的是，沈全伟到港后尽全力孝敬母亲，不论是平时还是生病，一直守在母亲身边。甚至连自己的婚事都耽误了。

蔡丽文回到香港后不久，曾有一位沈祖挺早年的英国老同事玛尔康船长，从英国到香港游览时，去探望过她。一位多年未见面的外国老朋友，能不忘旧情去关心她，并帮助她按照规定向英国中央档案登记处，报告沈祖挺已去世的情况。玛尔康船长的到访，使蔡丽文大感意外，同时也十分安慰。据沈全义回忆，他和父母亲于 1949 年在香港时，有一天玛尔康船长到他家探望父亲，正好父亲去看跑马。沈全义当年才 9 岁，无法与他用英文沟通，但因为家里第一次来了一个外国人，还说一口外文，觉得很新奇，记得特别清楚；二是当时父亲去看跑马，他当时灵机一动，做了一个马跑的样子：将两只手伸向前方，连续伸缩多次的一个策骑动作。当时玛尔康可能看明白了，就离开了。

据沈全义、沈全伟兄弟分析，玛尔康船长是沈祖挺在 1932~1941 年期间，上海海关巡逻船上的同事和老朋友。他的英文名字可能是 Malcolm。

据沈全伟回忆，玛尔康船长曾在母亲 1981 年到了香港后，专门到住处探望过她。母亲还托玛尔康船长回伦敦后，按照规定向颁发勋章的中央登记处报告受勋人去世的消息。据说玛尔康船长后来曾回信，将报告情况转告他们母亲。

1981—1982 年间，玛尔康船长是怎样在香港找到沈全伟母亲的？

据沈全伟回忆，事情经过是：他妈妈到香港后不久，曾去看过他爸爸在海关船上的老同事的夫人，也是她的老朋友。这位老朋友得知玛尔康船长及夫人从英国到香港游览，便告诉他们，沈祖挺的夫人已回到香港定居。于是玛尔康船长找到了沈全伟的妈妈。一位年逾 80 的英国朋友在相隔 30 年后，还特地去拜访老同事的遗孀，这种情谊实在难得。

第六章

为了尊严

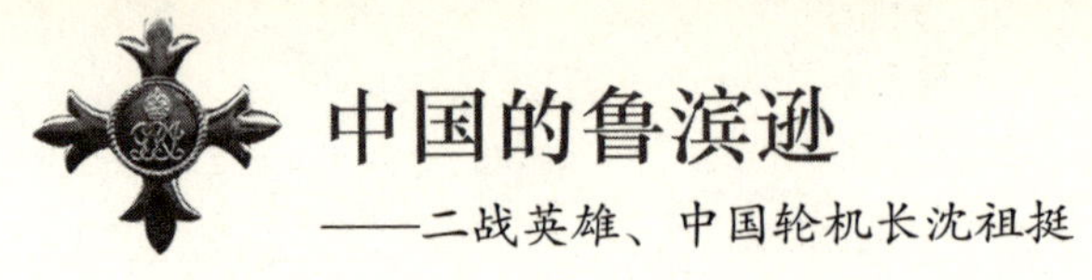

中国的鲁滨逊

——二战英雄、中国轮机长沈祖挺

整理者言：卓东明有点沉重地讲完沈祖挺妻子的故事，本来应该舒缓下来，但他没有，而是以更沉重的心情向我讲述沈祖挺的最后岁月……

沈祖挺是怎么死的？一个如此坚强的人，在无人无水无食物的孤岛上，带着几十号人坚持70多天都压不垮的男子汉，他是怎么死的？有什么比这种环境更绝望？

沈祖挺的青少年时代，父亲、兄长、母亲过早去世，家里负债累累，过着艰苦的生活。他拼命工作，想的就是早日还清债务，做个自由自在，不被歧视的人。反法西斯战争中，他所工作的船舶被英国战时运输部征用，为英国战争时期运输军用物资。他成为英国的“商船海军”（Merchant Navy），在极端危险的环境中，他懂得什么叫正义，什么是为正义而战，为正义不怕牺牲，他以一个中国海员的身份，敢于和法西斯面对面斗争，敢于和大自然为生存而斗争。在他胜利地带领30多名海员战胜恶劣的环境而获救，在他受到英王授予勋章嘉奖而受到人们的尊敬时，他懂得什么是做人的尊严，怎样去维护尊严。

尊严高于生命

大约在1970年3月，我们在英德“五七”干校承担的基建任务完成了，9栋带阁楼的房子矗立在那里。看着这几栋用我们心血建起来的房子，自然有点成就感，但我们的心早就交给了海洋，早就被那一片蔚蓝所占领。当通知我们可以回原单位，我们这群人即以最快的速度，回到重新组建的广州远洋公司。

广州远洋公司坐落在广州珠江边的广州河南滨江西路，珠江水就在办公楼下不远处日夜流淌。广州这座美丽的城市，珠江这条秀美的河流，多少年来都是宁静与温和的所在。

相隔两年，公司好像一切都变了。虽然还是那一栋楼，还是那一条江，当年那一群热火朝天，脸上洋溢着阳光的职工，为了一项全新的、充满希望的事业而不知日夜地工作，忘掉了家，还有简单而艰苦、艰苦而开心的筹办光华开航的生活，已经像珠江的流水一样远去无踪。人虽然回来了，但心境已不同。政治的高压依然笼罩在人的心里，在整栋楼里。

公司的招牌也换了，变成了“广州远洋运输公司革命委员会”，一个竖式的长条招牌。这使人想起：这还是一个不确定的年代。有人看到这个招牌就满腔激情，我却看到了社会经济组织的异化。

军管组长仍担任革委会主任，原来广远的经理成了副主任，其余的副经理分别担任组长。

从陆军来的一位姓张的副组长抓干部审查，组织一批人在五楼搞批斗，成天声色俱厉地吆喝。这更让大家人人自危，不知道下一刻将会发生什么，更不知道明天将会发生什么。

我回到公司，最先关心的是沈祖挺，急于到处打听他的下落。听说沈祖挺就关在那里批斗，我的心里更不是滋味。

终于从知情人那里得到消息，专案组正在追查他在印度参加中统特务组织的事，传说是查档案查出的。

我所担心的事终于还是发生了。我知道沈祖挺在“脱裤子，割尾巴”时，曾把自己被委任为工会理事的事写在了交代里，档案中他们看到这一件事，自然不会放过。一查杨虎，时任中统特务头子之一，后又里通外国，企图颠覆中华人民共和国。如此敏感的人，与他沾上关系，不查才怪。我更担心沈祖挺了。

但我相信沈祖挺绝不是什么中统特务，因为我知道他在过去一直坦荡为人，从二战到决意回国参加社会主义建设，他一直追求的是光明，他热爱自己的祖国，怎么可能是特务？我只听他说过，在印度参加旧中华全国海员工会，从未听说参加特务组织的事。像他这样的海员，参加特务组织，我就不相信。

我知道的只是，正如我在前文讲到的，他因二战中的英雄表现及热心群众文娱生活，又有能力有威望，被当时在加尔各答的中国海员选举为体育协会的会长。后来重庆国民政府的杨虎，任命他为中华海员总工会加尔各答分会理事而已。杨虎根本就不认识沈祖挺，怎么可能就此发展他为“中统特务”？以此为据就指认沈祖挺为中统特务，想象力也太丰富了。

这天，我听说专案组最近对沈祖挺采取了一个新做法，就是每天早上将他牵到公司门口示众，通过这个动作来羞辱沈祖挺，并逼迫沈祖挺认罪。这个消息像砸向我要害处的一块大石，令我喘不过气来。

当晚，我不能入睡。整夜老是想着那个难以想象的场面。

第二天我提前上班，早早就到了公司，站在不远处观望。

人们陆陆续续地上班。定点开往黄埔的班车像往常一样，提前半小时停靠在公司门口，车上也坐了七七八八的人，将要开车。

临近8点，突然，传来一阵嘈杂声。人们的眼睛不约而同地转向公司大门。循声望去，我看到一个身穿中山装的中年人，手上抓着一条长绳，绕在手上。绳子的另一头套在一个衣冠不整的人双手上。定睛一看，被绳子绑着的另一头正是沈祖挺！

牵绳的人在前面走，另一只手握着一根棍子，神气活现，就像胜利者俘获着战利品。被牵着的沈祖挺低着头，跟在后面。他们一前一后，在公司门口，绕着将要开往黄埔的班车转圈。显然，被牵着的人根本没有被看成是一个人。而我留意看到的沈祖挺，则是一脸的屈辱，痛苦地低下头，在绳子后面一步一步地走，不时还传来吆喝声。“抬起头！让大家看看！！”

正是上班的时间，人们像潮水般涌进公司，每个人都看到了这一场景。有人投来同情的眼光，怕事的人避而远之，也有人表示想不到并痛恨沈祖挺竟然是中统特务，因为他们相信了传说。

看着沈祖挺的表情，我了解那是一种人格被当众侮辱，尊严被严重糟蹋的痛苦。我都不忍心再看了！我懂得沈祖挺此刻的心理，他能受得了吗？

“天啊！这不是沈老轨吗！”班车里有船员呼叫起来。

有几位年轻的成员说：“他是中统特务吗？什么是中统特务？”

年纪稍大的船员们说：“瞎说，他是我们公司有名的老老轨！怎么能这样对待他！”

我强忍着眼中的泪水，尝试走近他，他却一直低着头。他应该看到我了，但连我都故意不见，这让我心里更加难受。我真不相信自己的眼睛，不相信这种残暴的事发生在他身上。我的内心有如刀绞般的痛！

我终于还是不忍心再见到他，掉头往回走。因为在这个时候我不能安慰他，我只能将要说的话吞到肚子里去。

他是我几十年的前辈、同事与挚友，而在他最困难的时候，我却不能对他说任何一句话。我含着泪跑到公司大门外二三十米的江边哭了起来，再也没有心思去开调度会了。

这一天我再无心思工作，那一夜我无法入眠，在我的眼前总是出现他被人用绳子牵着受尽屈辱的场景。

这样又过了一段时间，“文化大革命”还在进行，公司的人还是那样忙着阶级斗争，生产也在维持中运转。

1970 年 6 月 10 日早上，这是我终生难忘的一天早上。

这一天我照例骑着单车上班，到了公司，就见到一大批职工围在公司门口议论纷纷，人们的神情紧张，好像是发生了什么事。我正想开口打听到底发生什么事，就听到有人说，沈老轨昨晚自杀死了。

真的吗？我有点不相信，或者说我不愿相信。但回我话的人肯定地说："他是昨天晚上在这死的。"然后指了一下旁边的值班室。

这真是晴天霹雳！我所担心的结果终于出现了！他终于无法忍受屈辱，选择以死来表明自己的清白，捍卫自己做人的尊严啊。

我想起了在英德的夜晚，他还告诫我们凡事要想开，天下有公理。你自己为什么就想不开呢？

我心痛，像他那样一个铮铮铁骨的男子汉，中国最优秀最感人的轮机长，现在，我们失去了他。他才65岁啊，是经验最丰富，技术最成熟的年龄，他应该可以为中国的航海事业做许多许多的正当年！造孽啊，他们知道吗，他们这是摧毁世界航海界英才的罪孽行为，是要记在世界航海史耻辱柱上的！迫害他的人知道吗？

我要知道他的最后日子是怎么过来的。那么坚强的一个人，为什么选择以死抗争？

但是我看到的是更令人心寒的现象：

因为职工议论太多，当天下午军管张副组长即召集了大会。他在大会上说："知道大家很关心沈祖挺的自杀，所以要对大家讲清楚。沈祖挺是在被组织审查中自绝于人民的，他是畏罪自杀，死有余辜。"

但这位张副组长还是难掩内心的心虚，他说：

"军管原来打算再压压他，谈不出问题就算了，过几天就解放他，没想到他选择了这条死路。对于沈祖挺、陈某某、方某某三个人，我们军管是采取不同的方针的，对沈祖挺是再压压，压不出就解放算了。对陈某某是要吓倒他，对方某某是要斗臭他。情况跟大家说清楚了，就不许乱说乱道了。"

这是什么逻辑？人、人性、人的尊严在他眼里视作无物，不值一提。压一下，压不出就算了，说得轻巧，这个压一下，把一个人压死了！

这不是犯罪是什么？但在他们的嘴上说起来却是那么的轻巧，把人逼死了，好像还是死者的责任，这是人说的话吗？遗憾的是，这就是。

他们很轻松地说了几句，推卸了责任就算完了，会也就散了。

公司里认识沈祖挺的人还是不少的。大家当时所想的是：这么一位在法西斯炮火面前不惧怕，在无人、无水、无食物荒岛上顽强生存，以自己坚强的意志激发全体遇难海员求生的信心，与自然界做斗争，取得胜利的英雄人物，竟被侮辱而死，应该由他本人负责吗？

他怎么选择了死？

据说在军管掩盖之下，调查回来的历史档案材料并不真实。沈祖挺本来一直都实话实说，他是一个正派的人。他可以服从事实，却容不得冤屈，更不会屈打成招！我知道了，他肯定是在假的所谓历史证据面前，有口不能辩，看不到希望时，选择以死抗争，表明自己的清白。如真有此事，其良心何在！

在相当长的一段时间里，公司船技处的同事们以及其他部门熟悉沈祖挺的同事们，都在惧怕和悲痛之中沉默，也常常会怀念着这位老海员，老前辈。他们感叹老英雄在旧社会受到过资本家、帝国主义的压榨和欺凌，他熬过来了；战争中在军事运输船队里经受了炮火、水雷的袭击、轰炸，他毫无畏惧，扛过来了；工作中遇到再大的困难，仍信心十足，坚持下来了。这次遇到审查，为什么不能再坚持几天？

有人说沈祖挺作为一个人，一个经过生活苦难，战争考验的老海员，他现在所受的迫害，已经超过了能维护他作为一个人的基本尊严的底线。他没有再退却的余地，只有一死了之。古人说过；“不为五斗米折腰”，就是说，做人都要有其尊严，没有尊严不如猪狗。沈祖挺受尽侮辱，最后，一个堂堂正正的中国海员，一个受到过英国皇室为他的事迹颁发勋章的中国海员，一个在国内外备受崇敬的中国海员，受到人格上的羞辱，他还能怎么做？

当年他受香港中共地下党刘双恩的动员，到香港华夏航运公司任总轮机长，刘双恩还明确说过他应属1951年参加的革命，是对革命做出过贡献的有功之人。虽然这件事一直都未得到组织的正式承认，但怎么说也不应该成为他的罪孽，成为无法说得清的历史问题吧。一腔热情追求进步，追求光明，放弃个人的利益，却被怀疑、被斗争、被羞辱，像对待畜生那样，被牵着在众人面前低头游街，更加令人绝望的是，当时的社会环境之下，他发现自己纵有一千张嘴，也不可能说得清！这种滋味绝不是像饥饿那样可以忍受的。他发现最痛苦的事莫过于有理无处说，有屈辱不能讲，或者讲了却无人相信。这个世界还有公理吗？我相信沈祖挺这样一位直率坦诚，没有任何阴暗心理的技术专家，完全不能理解他所面对的，那些只有预设你的罪恶，而根本不会有良心发现的人。在这种情况下，他还可以怎么做？作为曾经同样经历过那个时代的人，我深深地理解沈祖挺。

但在潮流面前，我无能为力。

我曾问起知情人他死时的一些细节。原来他是利用看管他的人暂时外出，以一个水手结将自己勒死的。水手结，一种越拉越紧的结，多少年，他用水手结来保证航船的平安，现在则用它来结束自己。我想他在死的时候一定想到了海，他熟悉喜爱的海，他一生不渝地爱着的航船。

据处理他的尸体的人说，他死时双腿挺得笔直。我突然想起他在英德曾经跟我们说过，如果真的要死，也要站着死，绝不能跪着死。环境不允许他站着死，他只能在蚊帐内赴死。他挺直的双腿，不正是放下的站立吗？他这是站立着而死啊！

值班的人

沈祖挺去世，但他的音容笑貌依然常在我的脑海里出现。每次上船工作，我都会想起他，有时甚至会有幻觉出现，在似曾相识的船机舱或通道上，转身碰到一个穿着工作服的人，觉得就是他。

事有凑巧，可能是命有注定，我会最终了解与沈祖挺有关的所有重要环节。

大约十年后，20 世纪 80 年代初，我上了一艘准备去香港修理的散货船，审核修船项目。当天太迟了，最后一班回黄埔港的交通船已经开走。晚上我睡在轮机长房间的沙发，和这位不太熟悉的轮机长聊天。我随便问他什么时候到广远的，上过那些船。他说他是 1970 年 5 月从海军转业来的，做过七条船，这次刚当上轮机长，还算顺利。只是刚来时有几个月没有上船，让他看管一个有问题的老头。这个老头被斗了很久不肯交代问题，结果自杀死了。

听到这里，我的身体不知怎的就颤抖起来，紧张地问他："是什么时间的事？死者叫什么名字？"

看到我突然如此浑身发抖地急促发问，这位轮机长以为我生了什么病，也可能怀疑自己讲错了什么，神情有点不知所措，一下子几乎说不出话来了，有点紧张又有点害怕，连问我怎么回事。我叫道：

"快说！"

不出所料，他说的就是沈祖挺！他就是在 1970 年 6 月 10 日的清晨，值班看管沈祖挺的海军转业轮机兵！

他说那天晚上沈祖挺被斗到半夜，送回房间时口中喃喃地还说："我想想，明天交代，明天交代。"上床不一会便好像是睡着了。

他说，到了下半夜，我见他睡得很好，就到门口透透风，活动一下。

看管沈祖挺的地方，就在地处广州河南滨江路广州远洋公司一层值班室里，大门外 30 米处便是珠江。他走到大门外，见到有几个人正在滨江路俯向江边，我不由自主便走到江边看个究竟，原来是几个市民在用网兜捞虾。大约不到一小时回到房间，照例用手电筒透过蚊帐，一看不对了：沈祖挺脖子上被一根细绳紧紧勒住，他死了！

我听不下去了！大声吼叫：“你害死了沈老轨，一个好人死在你的班上，你知道吗？”

他连忙回答说：“不是我害死的，我值班不认真，我承认。我也检讨几次了。”他有点慌乱和自责。

我用震颤的声音问他：

“你知道他是什么人，中国有名的轮机长，二次大战时船被炸沉，他带领三十多船员在非洲一个荒岛渡过 76 天，英王因此发给他勋章的英雄啊！”

他说他当时不知道。

我再也不愿意和这位轮机长谈这事了，让他去睡觉。自己坐在沙发上待了一晚，无法入睡。

第二天上午，我记下这位轮机长的名字。

后来想想，记他的名字有什么用呢？他是无辜的，当然他失职了。

我是带着极其伤感的情绪回到公司的。但这一次谈话，这位从海军转业来远洋的轮机长，这时这人这事，我一辈子也不会忘记。

第七章

尾　声

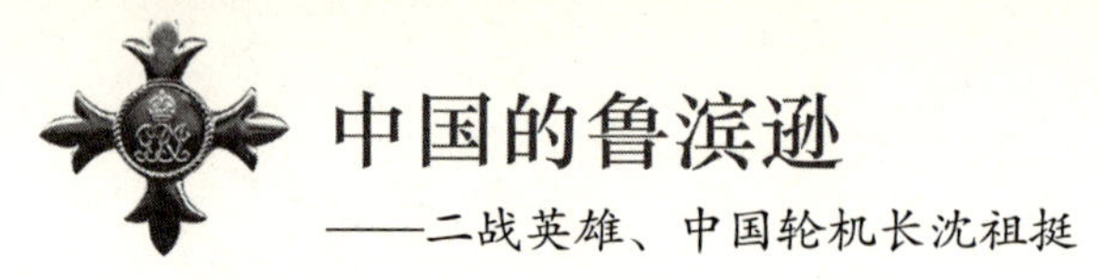

中国的鲁滨逊

——二战英雄、中国轮机长沈祖挺

整理者言：卓东明有点激动地回忆起这段不堪的经历，说完了许久才逐渐平静下来。停了许久，才接着说起沈祖挺死后的故事……

时间又过去了近十年。到了1978年，中国社会发生了变化，对过去的一系列政治运动，特别是“文化大革命”这场长达十年的浩劫，进行了反思，对在各项运动中受冤屈甚至被迫害至死的人进行了平反。虽然那些遭受了各种灾难甚至死去的人已经再也听不到，也不能复生了。

沈祖挺也在这场平反浪潮中获得了一个新的结论：“不作为政治问题，属一般历史问题。由于受到了林彪四人帮反动集团和修正主义的路线的影响，不幸去世。”对他也作了肯定：“沈祖挺同志参加工作以来，热爱共产党和毛主席，拥护社会主义……”

现在看来，在当时（1978年）平反冤假错案的开始阶段能做出这样的结论，虽然不够完满，已是非常不容易的了。

是啊，那个时代，人性中所有假恶丑都找到了表演的舞台，并且得到了承认，或者说，它被一种至高无上的力量鼓舞，至少是诱发了出来。

关于他与组织的关系问题，其实当年他主动要求参加学习班，主动“脱裤子，割尾巴”，向党交心。之后他在思想上觉得自己已是新人了，但还是有点担心自己未被理解，所以有要求入党的愿望但又不好意思开口。据沈祖挺当年所在的原交通部远洋运输局驻广州办事处支部组织委员张雅清回忆称：她1959年4月至1961年8月在远洋运输局驻广州办事处业务科任职。在此期间，与沈祖挺轮机长在工作业务和生活上有所接触。从相识、熟识到进一步了解，印象中的“沈老轨”是一个性格开朗、热情豪爽、积极向上、乐观大方，生活上乐于助人、慷慨解囊的好轮机长，工作上可称拼命三郎。政治上积极要求进步，但他是一个不会讲大道理，不会说空话、唱高调的人。一次他与我谈起要求入党的事，他说他不敢提，因为感觉自己过去一直在外国轮船公司工作，情况比较复杂，组织上很难调查，加上自己没有理论水平，写不来、讲不出，所以入党可能性很小，因此就不敢提。当时我对他说，只要有颗入党的心，努力学好党章，按照党员标准要求自己，他的理想一定能实现。我还鼓励他不要灰心，如果愿望不能实现，那就做一个党外布尔什维克。

张雅清于 1959 年 4 月，从上海调到交通部远洋运输局驻广州办事处，成为我国创建远洋航运的业务骨干。1961 年 8 月因她爱人调上海外轮代理公司任经理，她亦于同时调上海港务局工作。从她的回忆中可见，尽管这位管组织的支委，觉得沈祖挺的表现很好，又是一个优秀的轮机长，只能鼓励他“做一个党外的布尔什维克”，原因就是他的“历史问题很复杂”。在当时的组织路线下，有这样的历史问题基本是不能入党的。

他自己也知道历史复杂，很难过得了组织审查关，所以战战兢兢，连提出入党要求都不敢。为什么在“文化大革命”开始的时候没有动他，到了 1970 年才决定成立专案组，对他实行审查，是因为政治气候还不到，时机不成熟，未惊动他。也就是说，认为他是埋藏得很深的中统特务，据后来了解所知，那段时间已派出专人搜集他的材料，包括派人到重庆查历史旧档案。

左倾路线最后导致“文化大革命”，军代表自然怀疑他是中统特务，于是成立了专案组，专事审查沈祖挺的历史问题。既然已确立了假定，为了搞出成绩，为了证明怀疑的正确性，主办专案的人竟以他承认被杨虎委任为工会理事为由，说事情必定没有那么简单，他掩盖了更重要的事实：还有一张中统的任命书他收藏起来了，要求他交出并承认罪行。

没有的事，怎能承认？

不承认，审查就继续。没有期限的日夜审查，最终导致沈祖挺以死作为回应。

迫害者奉命而行，不能不承认，这是人性中恶的一面被调动而泛滥的灾难。这是谁的责任？发起者、执行者，还是他们都有责任？他们忏悔了吗？

好在黑暗中，我仍然窥见了人性中还没有完全被泯灭的一面。

在我所认识的人当中，也有有良知的人，他们虽不能对抗当时强大的外部环境，但一旦有能力有机会，也会出于人性，在自己的权力范围内，对无辜受难的人做出一些帮助。

1975 年，发生了一件令沈祖挺的两个儿子，沈全义沈全伟兄弟完全想不到的事，他们几乎同时分别在湖南和海南农垦部门，接到调回广州的调令。

1970 年沈祖挺去世以后，家中只留下沈祖挺的遗孀蔡丽文。他的两个儿子一个被发配到海南当知青，另一个在外省湖南工作。在沈祖挺依然戴着国民党中统特务嫌疑及畏罪自杀罪名的情况下，怎么会接到这样的两张调令？如果没有有能力的人或者组织出面，偌大的海南生产建设兵团和湖南省，怎会指定调他们两兄弟回到广州就业？要知道，当时许许多多家庭父母没有任何问题的同伴，都未有回城的动静，政策也还没有松动的迹象。

但调令还是来了，在同一个月，大儿子沈全义调回广州铁路局，小儿子沈全伟回城，安排到广州远洋公司属下的远洋修船厂当工人。

虽然这只是还了沈家两兄弟他们应有的生活和工作权利，但沉默寡言，对生活所求不多两兄弟，内心还是满怀感恩。我们询问这件事的来龙去脉，他们也说不上来，只是说有贵人相助。也许这个贵人，就是曾经和他们一家同住在河南滨江西路的，他父亲当年的领导或同事。

第七章 尾　声

在沈祖挺逝去45年后，在中国人民抗日战争暨世界反法西斯战争胜利70周年之际，我们终于有机会为他不平凡的一生作传，采访与沈祖挺有过交往的人。这些当年跟随沈祖挺学艺的青年，如今均已是80以上高龄的老者。令我们感慨的是，已过去大半个世纪，每一个被采访的对象对沈祖挺印象依然深刻，回忆起往事，连每一个细节都叙述得十分清晰，对沈祖挺热爱和怀念之情溢于言表。写作这本书，他一生的重要经历得以重现，英雄昔日的光辉和苦难，如拂去了尘埃的宝石，更加耀眼。

后　记

从去年下半年开始着手整理资料，进入采访写作，将近一年的时间，这本书终于完成了。首先是由于卓东明的提议和坚持，亲力亲为，动手收集资料写作及修改，要知道，这是他在东西半球各生活半年的情况下进行的。当这本书进入最后组织出版时，卓东明又要赴美，这件事还在纠缠着他。

还要一提的是做了大量资料信息收集工作，一直坚持在广州大本营的刘逊生先生，他走访当年与沈祖挺共事的老同事老部下，用录音将采访内容及时发送到同样在北美探亲的我，使我可以在大洋彼岸构思写作。大量的采访组织、行政事务均由刘逊生承担，他还为本书的写作提出了很多独到有价值的创意。

设在广东海事局的中国海员史编写组白桂芳、劳声、冯小萍、伍倩莹同志，认为沈祖挺在中国海员史上有着重要的地位。他们一直关注着本书的写作进程，还提供了许多具体实在的帮助，以通史为主的海员史，因他特设了个人传记体裁，使本书得以成为中国海员史的一个部分。

本书原拟争取 2015 年 9 月世界反法西斯战争纪念 70 周年前出版，书稿初成交画家冯维益创作插图时间只剩两月，冯老先生以 85 高龄、以极认真的态度进行创作，不断修改，一丝不苟，在此一并致谢。

我们还要特别感谢广州海安船员培训中心为本书的出版所做的努力和贡献，他们将沈祖挺作为一个榜样，将本书作为教育影响学员，培养他们热爱海洋，献身海洋事业的教材，这使我们感到欣慰。

今年是中国人民抗日战争胜利暨世界反法西斯战争胜利 70 周年，我们庆祝胜利，就是要怀念那些为胜利做出了杰出贡献的人，沈祖挺正是值得我们怀念的英雄。

潘健生